KB220395

성령의 리듬 따라 춤추기

식 별 의 기 술

하느님은 리드 댄서
그리고 영혼은 그 파트너,
리드가 설정한 패턴과 리듬 따라 춤추는 그녀는
리드하지도 않지만
꿰다 놓은 감자 자루처럼 축 늘어져 있지도 않는다.

토마스 머턴(Thomas Merton)

David Lonsdale
Dance to the Music of the Spirit
The Art of Discernment

성령의 리듬 따라
춤추기

식 별 의 기 술

데이비드 론스데일

정 일 옮김

위즈앤비즈
Wisdom & Vision

추천사 ────────────────────●

　그리스도교 신자가 된다는 것은 하느님과 사람들 그리고 삼라만상과 사랑으로 소통하는 것입니다. 지금 우리가 하느님을 만나고 체험하는 세상과 교회는 빠르게 변화하고 있으며, 우리는 복잡하고 혼란스러운 불확실성의 시대를 살고 있습니다. 일상을 살면서 하느님의 뜻을 성찰하고 그 뜻에 일치하며 살아 내기가 쉽지 않습니다. 우리의 삶은 우리가 결정하는 선택으로 좌우됩니다. 일상에서나 중요한 순간마다 성령의 인도하심을 따라 하느님 아버지의 아들딸로서, 또 예수 그리스도의 형제자매로서 살기 위해서는 여러 가지 옵션 중에서 선택을 잘 할 수 있는 어떤 방법이 필요합니다.

　하느님 나라는 하느님과 함께 살아가는 세상입니다. 하느님과 함께 사는 길은 지금 하느님의 뜻을 실천하는 것입니다. 예수님은 사랑, 나눔과 섬김 그리고 화해와 용서, 일치 등의 가치들이 하느님의 뜻이라고 가르치셨습니다. 이 하느님 나라의 가치들을 실천하면 하느님께서 다스리시는 나라를 현재 사는 것이기에 '위안'이 따르고, 그렇지 않으면 심란한 '고독'에 빠질 수도 있습니다. 하느님께서는 영원하신 분, 하느님을 선택하면 영원을 이미 사는 것이고 구원을 이미 사는 것입니다. 우리는 가정과 교회, 정치나 경제, 사회와 문화라는 삶의 자리에서 이 복음적 가치들을 식별하며 살아갑니다.

프란치스코 교황님도 2022년도 주님 공현 대축일에 이렇게 말씀하셨습니다. "동방 박사들은 우리가 삶과 믿음 안에서 날마다 새롭게 출발해야 한다는 사실을 가르쳐 줍니다. 믿음은 우리를 꽁꽁 싸매는 갑옷이 아니라, 불편한 질문을 피하지 않고 성령의 창의성이 가리키는 새로운 길을 두려워하지 않으며 끊임없이 하느님을 찾아가는 매력적인 여정이기 때문입니다."

식별의 영성은 모든 것 안에서 하느님의 뜻을 찾는 '활동 안의 묵상'입니다. 이는 내면의 움직임을 '머리'와 '가슴'으로 실질적으로 성찰함으로써 하느님의 뜻을 식별하는 것입니다. 이 식별법識別法, the art of discernment은 요한 카시아누스가 서방 교회에 소개한 초대 교회 사막 수도자들의 전통적인 삶과 영성을 로욜라의 성 이냐시오가 계승·발전시켜 온 것입니다. 동서고금을 막론하고 우리 신앙인들은 자신을 정화하고 성령의 인도하심을 따라 하느님과 일치하는 삶을 삽니다.

정일 신부님은 2000년에 『산다는 것이란 되어 간다는 것』(분도출판사 2000)을 통하여 제2차 바티칸 공의회 정신을 소개함으로써 새천년을 새롭게 살아야 하는 교회상을 소개해 주셨는데, 신부님은 이를 이름하여 '새롭게 교회 되기'라고 하십니다. 신부님은 이제 개인이나 공동체가 어떻게 하느님의 뜻을 따라 새롭게 신자로서 적극적이며 창의적으로 신앙생활을 할 수 있는지, 그 방식을 성 이냐시오 영성으로써 소개하고자 하시며, 이를 '새롭게 신자 되기'라고 하십니다.

정 신부님은 이 소책자 『성령의 리듬 따라 춤추기 *Dance to the music of the Spirit*』를 통하여 독자들이 선배 신앙인들의 영적인 삶의 기술을 배우고 익혀 식별을 잘함으로써 이 세상 안에서 성령의 인도하심을 따라 하느님의 아들딸로서, 예수 그리스도의 형제자매로서, 구원의 삶, 영원한 삶을 지금 살 수 있기를 바라십니다. 저도 같은 마음으로 모두 '새롭게 신자 되기'를 바라며 기도합니다!

2024. 1. 1.

천주교 안동교구장 권혁주 요한 크리소스토모 주교

저자의 출판 승인서 ●———————————●

존경하는 정일 가브리엘 신부님,

예수회의 신앙을 생각하는 온라인 잡지의 편집자이신 Frances Murphy 님을 통해서 보내 주신 *Dance to the Music of the Spirit - The Art of Discernment*를 한국어로 번역 출판하겠다는 소식에 감사를 드립니다.

이 책의 출판권은 제가 현재 소유하고 있기에 기존 출판사의 허락을 더 이상 받을 필요는 없습니다.

나는 이 이메일을 통하여 1992년 영국의 'Darton, Longman and Todd' 출판사에서 출간한 저의 『성령의 리듬 따라 춤추기』의 한국어판 출판을 허락하고자 합니다.

또한 혹시라도 이 책을 통하여 얻게 되는 어떤 이익이 생긴다면 신부님의 의향에 따라 한국 교회를 위해서 써 주기 바랍니다.

이 일이 진심으로 성공하기를 빕니다. 내가 30여 년 전에 쓴 책이 여전히 도움이 되고 번역 출판할 가치가 있다는 사실에 감사를 드립니다. 이 책이 출판되면 저의 출판 수집 목록에 한 권, 영국 예수회 지부에 한 권, 히드롭 도서관에 한 권씩 소장할 수 있도록 보내 주시면 감사하겠습니다.

대단히 감사합니다.

2023.7.3.

뉴멀던에서

데이비드 론스데일

감사의 말 ————————————————•

우선 아일랜드 로스크리아Roscrea, 마운트 성 요셉 수도
원Mount St. Joseph Abbey 원장님과 공동체에 심심한 감사를
드린다. 그분들은 1991년 여름 내내 4개월 동안이나 수
도원에 묵을 수 있게 해 주셨다. 수도원과 주변의 아늑함
그리고 수도원의 규칙적인 기도와 공동체의 따뜻한 환대
는 이 책을 집필하는 데 아주 적당한 환경을 제공해 주었
다. 나와 함께 '식별 연수회'에 참여해 주신 모든 분들께
도 감사드린다. 그분들의 열정적인 격려가 이 책을 집필
하는 데 힘이 되었고, 그 연수회는 나의 성찰을 실제 경
험으로 뒷받침하였다. 나는 'Darton, Longman and Todd'
사의 Morag Reeve 씨가 보여 준 인내심에 감사를 드린
다. Paula Mulryan IBVM, Frank Shephard 그리고
Paul Edwards S.J 같은 분들은 원고를 검토해 주셨고,
그분들의 조언은 이 책의 저술에 큰 도움이 되었다. 모든
오류는 나의 잘못임을 밝혀 두는 바이다.

데이비드 론스데일 S.J.

나의 예수회 형제들과
그리고 특히 나에게 식별을 가르치신 분들께!

목차

안내: 우리 삶의 자리

　나는 제2차 세계 대전이 막 끝나고 사회가 다소 혼란스러울 때 잉글랜드 북부 지방에서 자랐다. 한 살이 채 되기도 전에 전쟁이 막 끝났고, 열여덟 살이 채 되기도 전에 제2차 바티칸 공의회가 열렸다. 그래서 어린 시절과 소년 시절을 격변하는 두 시대 사이에서 보냈고, 두 사건은 나름대로 우리 세대에 깊은 영향을 끼치게 되었다. 나는 주로 노동자들이 사는 읍내의 가톨릭 신자 가정에서 태어났다. 내가 어렸을 때만 해도 동네 사람들은 저임금이긴 했으나 평상의 삶을 회복하려고 노력 중이었고, 6년간이나 계속된 전쟁의 상처를 치유하기 위해 고군분투하고 있었다. 우리는 자동차 공장과 큰 시장이 있는 항구 도시에서 살았다. 주요 생산품은 직물이었다. 사람들이 모여 사는 인근에는 작은 상점들이 있었고, 지역의 버스와 트럭을 생산하는 자동차 공장 Leyland Motors는 많은 사람들에게 일자리를 제공해 주고 있었다. 마을 사람들은 생활이 검소하고 자립심이 강했으며 열심히 일했고, 정치나 종교적인 면에서는 보수적이었지만 우직할 정도는 아니었다. 사회적으로 잘나간다는 사람들은 다른 사람들을 경멸하며 허세를 부리기도 했기 때문에 사람들의 눈총을 받기도 하였다. 부모들은 비록 자신들은 교육받을 기회가 없었지만 그 가치는 인정했고, 높은 임금에다 흥미 있고 매력적인 직업을 찾기보다는 안정된 직장을 갖는데 만족하고 있었다.

읍내의 우리 가톨릭 공동체는 영국의 다른 지역에 비해서 상대적으로 그 규모가 꽤 큰 편이었다. 우리는 가톨릭 신자라는 자의식을 가지고 있었기에 다른 이웃 사람들과는 어느 면에서 확실히 다른 존재였다. 대부분의 다른 지역은 성공회로 개종하고 있었지만, 우리는 가톨릭 신앙을 지키고 있었고, 성체 강복을 통하여 전통을 고수하고 있다는 자부심을 누리고 있었다. 이는 가톨릭 순교자들과 결합되어 있다는 자부심이기도 했는데, 그들 중의 일부는 클리테로우Clitherow, 사우스워스Southwarth, 애로우스미스Arrowsmith, 오스발드스톤Osbaldeston, 올드콘Oldcorn, 릭비Rigby 같은 근처의 이웃 읍내나 마을 출신이었다. 우리 교회는 아일랜드 교회가 아닌 영국의 가톨릭 교회로, 교구 성직자들은 이 지역 출신들로서 북부 지역의 신학교나 로마에서 교육을 받았다. 그 당시(1920~1940년대)의 사회상은 미니시리즈 〈브라이즈헤드 리비지티드Brideshead Revisited〉나 3부작으로 된 비극 〈꼽추Crouchback〉의 세계에나 나올 법한 시골의 집들, 잡부들이나 여자 가정 교사, 교육 환경, 아 옹다옹하는 이웃 관계, 개인 경당이나 가족 사제 등을 통 해서 엿볼 수 있다. 내가 나중에 이들 소설을 읽었을 때, 그 장단점에도 불구하고 가톨릭 교회도 이들 소설의 배경 과 아주 흡사하다는 것을 알게 되었다.

이런 배경에서 가톨릭 신자가 된다는 것은 주일 미사 와 성체 강복에 참여하고, 가족이 묵주기도와 아침·저녁 기도早晚課를 바치며, 사순 시기와 금요일에 금육재와 금 식재를 지키고, 가톨릭 학교에 아이들을 보내며, 세례 및 결혼식과 장례식을 성당에서 치르고, 대부분 가톨릭 공동 묘역에 매장하는 등 일정한 생활 방식을 갖는 것을 의미 했다. 우리는 이웃들 중에서 누가 신자인가 아닌가 하는 데 관심이 많았고, 누가 냉담하고 있는지 가끔 살피기도 하였다. 다른 종교인과 외교인과 결혼하는 날이면 언제나 온 마을이 법석을 떨었고, 본당 신부는 그러지 말라고 주 기적으로 강론을 하곤 하였다. 가톨릭이 아닌 다른 교회 의 예배에 참석하는 것은 결혼식이라 하더라도 위험하고 잘못된 것으로 취급하였다. 개신교 신자들과는 약간의 적 대감이 있었음에도 불구하고 서로 옹기종기 사이좋게 공 개적으로 함께 살기는 했지만, 대체로 서로를 구분하였 다. 나는 한때는 개신교에 다니는 어린이들을 부러워했던 기억이 있다. 그들 중 절반 정도는 교회에 다니지 않아도 그것은 문제가 되지 않았고, 아마도 일주일 내내 어느 날이라도 소시지를 먹을 수 있었기 때문이 아니었나 싶다!

그래서 우리 세대는 흔히들 말하는 제도적인 요소를 강조하는 신자 생활에 젖게 되었다. 신자가 된다는 것은 가톨릭의 교리, 구조, 제도, 법, 실천, 열심, 윤리적 가르침 등 강력한 조직으로 표현되는 견고한 동일성을 가진 교회에 소속됨을 의미했다. 이러한 조직적 체계가 '요람에서 무덤까지' 우리 삶의 각 단계에 스며들게 자신을 길들일 때라야 우리는 '훌륭한 신자'라고 생각하게 되었다.

제2차 바티칸 공의회 이전의 이러한 형태의 신자 생활 방식은 윤리·도덕이나 영성생활에 있어서도 규율과 법을 중심으로 삼았다. 가톨릭 교회의 생활 방식은 전적으로 법으로 통제하였는데, 영국 가톨릭 교회의 이 방식은 아마 다른 나라에서도 마찬가지였으리라. 십계명이나 자연법은 제쳐 두고라도 강력한 교회법이라는 계명을 준수해야만 했다. 더 나아가 상상할 수 있는 삶의 거의 모든 요소를 다스릴 수 있는 법칙과 규칙이 있었는데, 예를 들면 금식재에 먹을 수 있고 먹어서는 안 되는 종류와 양이 있다고 각인될 정도였다. 내가 미사 복사를 할 무렵에는 전례란 신속하고 품위 있고 정확하게 예식을 집전하는 것이 문제였지, 공동체의 신앙을 창의적으로 표현하는 것은 안 중에도 없었다. 윤리·도덕도 법전에 근거하여 신학교에서 가르치거나 강론할 때 가르쳤다. 윤리·도덕에 대한 토론에서도 '그게 좋은 것인가?'라는 물음보다도, '법이란 무엇인가?' 그리고 '그게 허용되는가?' 하는 물음이 더 중요시되었다. 당시 가톨릭 교회를 풍자한 로지David Lodge의 소설 『수위조절How far can you go?』은 당시의 실상을 잘 묘사하고 있다.

로마 가톨릭 교회 밖에서는 어떻게 볼지 몰라도 우리는 기도 생활을 열심히 하였다. 다른 개신교 신자들과는 달리 천주교 신자들은 묵상이나 기도하기 위해 시편이나 성서 구절을 직접적으로는 조금밖에 사용하지 않았다. 대신에 『천국의 열쇠The Key of Heaven』나 『내심 낙원The Garden of the Soul』 같은 기도서들은 여러 경우마다 사용할 수 있는 경건한 기도들로 가득 차 있었다. 나와 몇몇 친구들은 고등학교를 겨우 졸업할 무렵이 되어서야 그저 읽거나 암송하는 기도가 아닌 다른 방법으로 기도할 수도 있다는 것을 예수회 수사님의 가르침으로 알았을 정도였다. 이것도 하나의 예외적인 특권이었지 많은 사람은 그렇지 못했다. 사제가 신자들을 등지고 제단을 향해서 미사를 집전하는 동안 대부분의 천주교 신자는 기도서에 있는 미사 경문을 읽거나 묵주기도를 바치곤 하였다. 내 고향 본당에서는 5월 성모 성월이나 10월 묵주 기도 성월이 되면 신자들이 큰 소리로 묵주기도를 바치고 있는 사이에 사제는 조용하게 미사를 드렸고, 감사 기도나 거양성체 순간만 잠깐 멈추곤 하였다. 일주일에 한 번씩 '영원한 도움의 성모님 9일 기도'가 저녁에 있었는데, 동정 마리아께 드리는 기도와 강론 그리고 성체 강복으로 이어졌다. 주일 저녁에는 전국의 거의 모든 성당에서 기도와 강론 그리고 성체 강복이 있었다. 매년 5월 첫째 주일이 오면 내가 소속된 교구의 모든 본당에서는 길고 흰 드레스를 걸쳐 입고 예쁜 면사포를 쓴 일고여덟 살 된 소녀가 성모상에 꽃다발을 바치고, 같은 또래의 소녀들이 희고 푸른 옷을 입고 장엄하게 호위하는 가운데 행렬을 하곤 하였다. 지극히 거룩하신 그리스도의 성체 성혈 대축일엔 같은 또래의 어린이들이 이번에는 희고 붉은 드레스를 입고서 성체 거동 행렬이 지나가는 땅바닥 길목에 꽃잎을 예쁘게 뿌렸다. 이런 열심과 기도는 정성스러운 미사 예식에서처럼 신자들의 감정적이고 심리적인 요구에 부합되고 또 그 요구를 만족시키는 필수적인 기능을 담당하였다.

나는 고등학교를 졸업하자마자 열아홉 번째 생일을 두

달 앞둔 어느 날 곧바로 예수회에 입회하였다. 교회 구성원들의 이런 제도적인 삶의 방식이 그 당시 대부분의 일반 신자가 알고 있던 신자 생활이었고, '수도생활' 역시 마찬가지였다. 수도하는 생활도 신자 생활과 마찬가지로 그러한 삶의 조직적 체계 안의 한 부분이었고 특별히 존경받던 삶의 한 형태였다. 우리의 개인적이고 공동체적인 생활은 조직과 규칙이라는 틀을 바탕으로 이루어졌고, 이는 당시 남녀 수도회 모두의 전형적인 삶의 한 형식이기도 하였다. 내가 1963년 예수회에 입회했을 당시 청원장은 회칙이 마치 헌법이나 되는 것처럼 설명하였다. 그가 즐겨 사용하는 표현은 "네가 규칙을 지키면 규칙이 너를 지킬 것이다."였고, 그가 지도하는 반의 교과서는 교회법 학자가 쓴 회칙 해설서였다. 우리가 그 수도회에 대해서 알면 알수록 어서 빨리 입회하고 싶었고, 회칙 이외에 규칙들을 따로 모아둔 「공동 규칙서」라는 것이 있었는데, 이것은 전 세계적으로 모든 예수회 회원의 행동을 규제하기 위한 것 같았다. 더 나아가 각 관구나 각 관구 내의 지부마다 규칙서가 있었고, 거기에는 관구나 지부의 고유한 규칙이 따로 규정되었다. 우리는 대체로 잘 조직된 공동체 안에서 살았다. 내가 철학을 공부할 당시 회원들의 수가 150여 명이나 되었는데, 그 속엔 나이 많은 사람이나 젊은 사람들, 학생이나 책임자 등이 있었고, 모두가 같은 대학에서 일하며 함께 거주하였다. 같은 수도복을 입고 기도하고 먹고 일하고 휴식을 취하는 등 모두가 공동생활을 하였다. 특별히 수련 기간에는 다른 회원들과 특별히 구별되지 않으면서도 조직적인 공동체 안에서 훌륭한 예수회 회원의 일원으로 살 수 있음에 만족하였고 큰 자부심을 가졌다. 어린 나의 눈에는 돌출 행위나 특별한 행동은 원로들이나 지적으로 총명한 사람들에게나 당연히 허용된 특권쯤으로 느껴지기도 하였다.

한 가지 잘못된 견해로 말미암아 제도적인 형태로 교회에 소속된다거나, 교회는 '완전한 사회perfect society'라고 보는 교회관이 조장되었다고 생각할 수는 없다. 이것은 교회 자체에 대한 이해나 교회의 역사적인 발전 단계에 있어서 나타나는 한 국면으로 볼 수 있다. 그리하여 긍정적인 면과 부정적인 면을 모두 아우르는 것이다. 긍정적인 것을 예로 들자면, 가장 높은 수준에 있는 인간의 가치와 이상에 기반을 둔 일사불란한 삶의 양식과 처세 그리고 절제하는 삶을 살도록 했다는 점이다. 이것은 어느 기준으로 보아도 전 세계적으로 아주 뛰어난 거대한 무리인 선량한 사람들로서, 예수님의 제자들인 평신도, 수도자, 성직자 등으로 구성되고 지지되었다. 공산주의, 회교, 힌두교 세계를 제외한 그 밖의 모든 주요 사회와 문화권 안에 끼친 그리스도교의 윤리적인 영향력은 20세기 초반 60년 동안에 끼친 영향력만큼 대단한 적이 거의 없었다. 그러나 제2차 세계 대전과 제2차 바티칸 공의회 중간 사이의 세상은 급속도로 변화하고 있었음에도 불구하고, 교회의 신자가 되거나 신자로서 살아가는 전통적인 방식은 당시 변화의 요구나 열망을 따라잡지 못했다. 이들은 복음의 진정한 가치를 충분히 반영할 수 있는 신자로서의 삶의 방식을 연구하도록 했고, 현대 세상의 요구에 더 적절하게 응답할 수 있는 계기를 가져오게 하였다.

나는 예수회에 입회한 지 5년이 지나서야 아주 새롭다고 강조하는 신자로서 살아가는 방식을 조금씩 소개받기 시작했다. 이런 변화를 일으킨 몇 가지 요인들이 있었다. 제2차 바티칸 공의회는 지난 세기에 물려받은 '제도주의적 교회관Church as Constitution'보다도 신선하고도 입맛 당기는 새로운 교회에 대한 이해를 제시하였다. 젊은 신자들과 수도자들은 자신들의 삶을 규정하는 케케묵은 이론이나 체계나 실천에 많은 의문을 제기하기 시작하였다. 동시에 공의회의 지원에 힘입은 신자들과 수도회들은 자신들의 원천적인 영성이나 고유한 뿌리들을 연구하게 되었고, 놀랍게도 그들은 지금까지 대세를 이루고 또 강조해 왔던 제도주의적인 것과는 아주 다른 형태의 사도직

Christian discipleship이 있다는 것을 발견하게 되었다.

나에게 있어서 이러한 변화들은 보다 더 개인 차원에서 더욱 진행되었다. 영적 지도를 목적으로 하는 편안한 대화와 새로 발견한 피정 지도 등을 통하여 회원들은 나에게 새롭게 신자가 되는 법과 예수회원이 되는 법을 가르쳐 주었다. 그들은 조금씩 사도직이란 '사람의 삶을 이루는 어떤 구조나 법을 허용하는 것 이상'이라고 가르쳐 주었다. 그것은 나와 타인의 역사, 경험, 은총, 갈망, 감정, 이해, 생각이나 영감 등은 성령이 현존하는 장소요, '그리스도의 몸을 건설하고'(에페 4,12 참조) 하느님 나라에 봉사하기 위한 일터라는 것이다. 성직자든 수도자든 평신도든 관계없이, 우리가 경험할 수 있는 이러한 여러 가지 요소들을 깊이 숙고하고 그 반성을 근거로 행동한다면, 성령께서 일상의 사소한 일들을 통하여 그리스도를 닮도록 우리를 인도해 주신다는 것이다. 한마디로 '식별의 기술識別의 技術, The art of discernment'[1]을 가르쳐 주었다. 나는 신자로서 사는 이러한 방법이 예수회 창설자인 로욜라의 성 이냐시오에 의해서 예수회와 교회에 전해진 핵심적인 유산이라는 사실을 알고는 놀랐다. 그때부터 지금까지 나는 그리스도교적 식별은 하느님의 아들딸로서, 예수 그리스도의 형제자매로서 살아가는 실천적인 삶의 방식을 제공해 준다고 믿고 있으며, 특별히 현대적 상황에서 신자로서 살아가는데 적절한 것이라고 생각해 왔다.

　나는 이 책의 서두를 나 자신이 겪은 경험의 이야기로 시작하였다. 그것은 제2차 세계 대전과 제2차 바티칸 공의회 사이의 그 시절에 영국에서 내가 가톨릭 신자로서 자라온 경험이 결코 다른 사람의 경험과 특별히 다르지 않을 거라는 이유 때문이다. 역사와 문화는 영국이라는 작은 영토의 가톨릭 교회에 개별적인 특징들을 심어 주었다. 그럼에도 가톨릭과 다른 개신교 교회들과의 관계 속에서 살아온 경험은 유럽과 북미의 다른 나라들에서도 다시 일어나게 되었고, 교회가 장려하는 그리스도교의 형태와 형식은 여러 대륙으로 전파되었다.

1장

무대의 배경

그리스도교 신자의 영성靈性, 즉 예수 그리스도의 제자로서의 삶이란 '하느님 아버지의 아들딸과 예수 그리스도의 형제자매로서 성령 안에 사는 삶'[2]이라고 묘사해 왔다. 우리는 일상생활에서나 인생의 중요한 전환점에 서게 될 때에, 제자로서 살려고 노력할 때마다 어차피 선택이라는 문제에 직면하게 된다. 식별의 가치는 우리가 어떤 것을 결정해야 할 때 성령의 인도하심을 따르며 신자다운 선택을 할 수 있도록 그 방법을 제공하면서 드러난다.

식별의 현실적 필요성

식별이야말로 지금 우리가 살고 있는 교회 안에 꼭 필요한 한 가지 재능이라 할 수 있다. 우리는 앞의 안내에서 특히 로마 가톨릭 교회 안에 있는 몇 가지 특징에 대하여 언급한 바와 같이, 우리의 신앙생활이라는 것이 제도적인 한 단체에 그저 한 멤버로서 입교한다는 식보다는 더 깊이 참여하는 방식으로 변천하고 있음을 보았다. 여기엔 다양한 가치들이 강조되고 있다. 예를 들면 관습이나 출생에 따라 입교하기보다는 개인적인 결심으로 교회에 입문하고, 세례 받은 사람들 모두가 거룩한 삶을 살도록 부르심을 받았으며, 전체 공동체에 영향을 미치는 의사 결정에 있어서는 함께 공동으로 책임을 나누어 지고, 성직자나 평신도가 함께 협력하여 사도직을 수행하며, 여러 가지 관점에서 일종의 차별이라고도 할 수 있는 계급 제도적인 구조를 개혁하고자 하는 의욕 등을 들 수 있겠다. 나는 이번 장에서 이러한 지속적인 변천의 핵심은 교회 안에 시급한 문제라 할 수 있는 개인이나 단체가 건전하게 식별을 실행하는 것이라고 말하고 싶다. 이것은 뒤에 하게 될 식별을 논의하기 위한 배경을 설정하는 것으로, 사도직에 참여하는 형식의 몇 가지 특징을 깊이 논의하게 될 것이다.

여기서는 좀 더 일반적인 관점을 출발점으로 삼고, 주로 로마 가톨릭 교회 신자들의 삶의 특징에 초점을 맞추기 위해 부분적으로 한정된 나 자신의 경험을 위주로 삼게 될 것이다. 예를 들어, 전례의 발전처럼 가톨릭 교회 안에 일어난 몇몇 변화들은 효과를 냈고, 또 다른 개신교계의 성찬례에도 영향을 끼쳤다. 반면에 다른 그리스도교 교단에서도 제2차 바티칸 공의회와 함께 가톨릭 교회의 영성체와 연계된 변화의 시기 이전에 이미 식별을 실행하기 위한 몇 가지 조건들이 확고하게 자리 잡고 있었다고 봐야 할 것이다. 어찌 되었던 간에, 이번 장의 나머지 부분은 전반적인 가톨릭이라는 배경 안에서 영적인 식별에 대한 선배 그리스도인들의 법칙을 재발견해야 한다는 필요성에 대한 네 가지 요인들을 다룰 것이다. 타 종파의

신자들은 자신들의 고유한 전통과 체험을 바탕으로 성찰
해 볼 수도 있을 것이다.

교회관의 모델들

교회 안에는 '제도주의적Institutional'인 요인들과 '은사적
Charismatic'인 요인들 사이에 언제나 팽팽한 긴장이 있었
고, 지금도 그렇다. 그러나 한편 하느님의 성령께서는 교
회의 구조적인 요인들을 통하여 현존하시고 일하신다. 서
품된 성직자들의 직무, 교회 교도권과 교계 제도의 권위,
성사의 유효한 집전, 교회의 질서 등 이러한 모든 특성은
하느님에 의해서 제정된 제도로서의 교회에 속한 것이다.
반면에 하느님의 성령께서는 결코 이런 제도적인 요인에
제한되지 않으시고, 제도적인 구조를 형성하지 않는 교회
안의 개인이나 단체의 창의성이나 계획, 갈망, 생각, 카
리스마 그리고 체험 안에도 현존하시고 활동하신다. 제2
차 바티칸 공의회 이전에 자라난 세대들은 중앙 집권적이
고 질서 정연한 사회로서의 엄격한 교계 제도, 반세계적
反世界的인 신성한 제도로서의 교회관을 가지고 있었다. 이
렇게 교회를 이해하게 되면 하느님의 성령께서는 성사들
이나 교계 제도만을 통해서 거의 제한적으로 활동하시는
것처럼 보인다. 성령께 충실하다는 것이 신앙의 정통성
문제로 이해되는 경향과 함께 교회의 권위와 윤리나 법에

복종하는 것이고, 은총의 통로로서의 칠성사의 배령과 신자들의 일생의 삶을 교회의 구조와 제도에 맞추어 살아내려는 것 등과 연관되게 된다.

이러한 교회관이 주류를 이루게 되면 개인적인 식별의 여지는 거의 없게 된다. 식별이란 개인이나 교회 내 단체가 내적이고 개인적인 성령의 자극에 응답하고, 세상을 위한 하느님의 뜻을 드러내는 우리 시대의 사건이나 경향들인 '시대의 징표the signs of the times'에 응답할 수 있는 능력으로 이해할 수 있기 때문이다. 사실 교회 당국은 그러한 개인적인 체험을 불안하고 오해의 여지가 있는 것으로 의심할지도 모른다. 그렇게 되면 개인적인 '식별의 기술'은 신자 생활의 변두리로 밀려나게 되고 교회 안의 제도와 은사의 균형은 깨어지며 제도 쪽으로 기우는 것이다.

우리가 한 가지 교회관만으로 교회를 모두 다 묘사할수는 없다. 교계적인 '제도로서의 교회Church as institution'의 이미지는 '그리스도의 몸Body of Christ'이나 '예수 제자들의 성찬 공동체communion and community of disciple', '봉사자Servant'로서의 교회나 '말씀의 선포자herald', 또는 '성사Sacrament'로서의 교회 등등 여러 가지 모델 중 하나일 뿐이다. 이

각기 다른 교회관들이 함께 교회가 무엇인지, 보다 충만한 교회의 신비에 접근할 수 있게 해 준다.

교회 자신의 이해에 있어서 최근의 발전 가운데 가장 신선하고도 자유로운 것은 '은사적Charismatic'인 요인들을 재발견한 것이다. 이것은 나중에 이야기하게 될 '성령 쇄신'을 말하는 것은 아니며, 단지 성령론적인 것의 표명이라기보다 훨씬 더 넓은 범위를 말한다. 교회를 표현하는 데 있어서 새롭게 발견하거나 재발견한 여러 가지 이미지들은 은총 곧 하느님의 성령께서 이 세상에 활동하신다는 것이고, 모든 계층의 신자들을 통하여 그리고 신자들 안에서 일하신다는(눈에 보이는 교회의 울타리 밖에서도) 사실을 말하며, 신자로서 부르심을 받았디는 것은 예수 그리스도의 형제자매로서 하느님의 성령께 매일매일 충실하도록 초대되었다는 사실을 말하는 것이다. 그러므로 교회의 제도적인 조직 밖의 단체나 개인의 선택과 행동, 은사나 체험 안에서 성령의 현존과 활동은 교회의 행복을 위해서 아주 결정적으로 기여를 한다. 이 은사적인 요소들은 그리스도의 몸인 교회를 건설하도록 성령께서 우리에게 선사하신 이래, 교회가 현대 세계 속에서 하느님의 다스림에 봉사하는 복음적 가치들을 진정으로 성찰해 본다면 필수적인 부분이라 할 수 있다.

그러므로 이러한 배경 안에서 개인과 공동체 식별의 영성은 현재 개인과 공동체의 카리스마의 중요성에 대한 쇄신된 이해에 딱 들어맞는 필요한 하나의 대안으로 주목받는 중이라 할 수 있다. 정말 성령께서 교회를 통하여(그리고 그 너머로) 활동하신다면, 개인이나 공동체는 산만하고 요란스러운 소음들로부터 성령의 소리를 구별해 낼 수 있는 능력이 필요하다. 우리가 만약 성령의 리듬music에 맞춰 춤을 추도록 초대되었다면 허공에 떠도는 다른 잡음으로부터 성령의 선율을 구별해 낼 수 있는 능력이 필요하다. 식별은 참된 은사와 거짓 은사를 구별해 내고, 그리스도의 몸인 교회를 건설하는 은사인가 아닌가를 구별해 내며, 성령의 활동인가 아닌가를 구별해 내는 방법을 제공해 준다. 그래서 현재 우리 교회의 체험에 비추어 볼 때 식별은 하나의 꼭 필요한 은사라 할 것이다. 왜냐하면 이 식별이야말로 매일의 삶 안에서 성령에 따라서 살 수 있는 참된 신자가 되는 방법을 제시해 주고 있기 때문이다.

개인의 자유

지난 세대에 있어서 또 하나의 중요한 변화는 개인 자유의 신장이다. 제도적인 교회에서 신앙생활은 믿음과 실천에 있어서 획일성과 순종을 강조하는 방식이었다. 원칙적으로 양심의 자유가 인정되었지만, 실제로 참된 의미로서 개인의 자유란 거의 보장되지 않았다. 교리나 윤리적인 가르침에 있어 전문가들끼리 어느 정도 다른 의견을 주장하기는 했으나, 그런 문제란 극히 드물었다. 일반적으로 신학을 배우지 않은 평신도들에게는 논란이 될 만하다 싶은 문제라면 양심의 자유조차 허용되지 않았다. 그들이 할 수 있는 일이란 고작 강론과 고해실에서 들은 것에 순종하는 것뿐이었다. 이상적인 평신도상은 자유를 추구하기보다 '올바로 교육된' 양심이었고, 불행하게도 '올바로 교육된'이란 의미도 교회 권위자로부터 내려지는 것들을 받아들이고 순종하도록 가르침을 받는 것에 불과한 것이었다. 진정한 의미에서 교회의 예식이나 윤리·도덕과 신학 안에 다원론은 허용되지 않았다.

이 분야에 있어서 교회 자신의 자유에 대한 이해 역시 제2차 바티칸 공의회 이후 괄목하리만치 신장되었다. 공의회 이래 복음과 인류의 당면한 열망을 이해하는 데 책임과 실천, 개인적 자유의 가치를 재차 강조해 왔고, 60년 전과는 비교할 수 없을 만큼 발전해 왔다. 신앙 문제에서도 전에는 한 가지 유효한 해석만이 가능했던 문제에 대해 다양한 견해를 수용하려는 포용력을 볼 수가 있게 되었다. 기도의 형태나 예절, 생활 방식이나 윤리·도덕에 있어서 개인적인 자유와 책임을 존중하고, 선택과 솔선,

실험 정신과 창의성 등이 개인과 집단에서도 그 영역을 확대해 가고 있다.

이런 배경에서 식별은 필요하고 또 가능하다. 이 말은 신자로서의 삶의 방향과 형태를 결정짓는 의사 결정에 있어서 우리의 진정한 자유를 실현할 수 있는 장場과 능력 모두를 가지게 되었다는 것을 말한다. 현재 교회 내의 상황에서 식별이 가능한 이유는, 삶의 각기 다른 분야에서 진정으로 선택해야 할 사항들이 있고, 그중에서도 현실적인 것들을 취해야 할 필요성이 있기 때문이다. 또 '식별법 識別法, the art of discernment'이 필요한 이유는 우리가 무엇을 선택할 때 성령의 도우심과 더불어 그 식별을 잘할 수 있는 어떤 과정이 필요하기 때문이다.

법률의 규칙

'그리스도교 신자가 된다는 것이 무엇을 의미하는 것인가?' 하는 문제에 있어서 우리의 경험 안에 일어나고 있는 또 하나의 변화는 교회의 삶에 있어서 법률의 지위와 본질에 대한 그 인식이 바뀌고 있다는 점이다. 이 책의 서두에 언급한 것 같이 60여 년 전에 제도주의적인 교회관이 득세했을 때는 법률과 규칙들이 강조되었고, 우리 삶의 가능한 모든 면을 규정하였다. 더욱이 가톨릭 교회 안에서 윤리적인 결정을 내린다는 것은 실천적인 면에서는 적당한 법률과 규칙을 적용하는 것을 의미할 뿐이었다. 좋은 윤리적 결정을 '특정한 상황에 맞게 올바른 규칙이나 일반적인 원칙을 찾아서 정확하게 적용하는 것'으로 이해한다면, 현대의 신학자들도 그런 견해는 지지할 것이다. 이런 맥락에서 식별이 어떤 의미가 있다고 한다면, 그것은 아주 개인적인 성소 문제와 같이 일반적인 원칙이나 규범을 적용할 수 없는 특정한 상황에서 의사 결정을 하는 것으로 볼 수 있는 아주 특별한 하나의 과정일 뿐이라 할 수도 있다.

오늘날 교회에 대한 이해와 계속 재발견하는 서로 다른 견해 그리고 개인적 자유의 가치에 대한 오늘날의 진보된 의미에서 볼 때, 법률은 예전처럼 그렇게 강제력이나 구속력이 없다. 교회 내에 법률과 규칙의 힘이 줄어든 반면 개인이나 공동체의 책임 영역과 개인적 선택 및 창의적 행위는 동시에 늘어나고 있다.

이런 견해에서 볼 때 오늘날 식별에 대한 합당한 이론과 실천은 아주 긴급한 요청이다. 기차가 철길을 달릴 때는 모든 기계와 철길이 정상으로 작동하고, 기관사가 신호를 철저히 따르고 운행 규칙을 잘 지키며 정상적으로

운행해야 무사히 목적지에 도달할 수 있다. 그러나 여기에 주도적인 노력이나 창의성 그리고 개인적인 선택의 여지는 별로 없다. 이것이 신자들의 삶을 보여 주는 한 가지 이미지라고 할 수 있다. 그래서 우리가 성경 말씀을 돌이켜보면, 예수님께서 하느님과 백성을 위한 일을 하실 때는 독창적이고 창의적이며 자유로우실 뿐만 아니라 전통에도 뿌리를 내리고 계셨고, 거기에 성실하셨다. 우리가 예수님을 따르는 데 있어 이러한 가치들을 내버린다면 잘못이므로, 식별이란 법률의 조문들을 훨씬 더 능가하게 되는 것이다. 우리는 산행할 때 더 선명한 신앙생활의 이미지를 그려 볼 수 있다. 기초적인 정보를 제공하는 지도나 먼저 다녀간 사람들이 제공하는 책이나 영화와 비디오는 다양한 길을 선택하는데 도움을 준다. 그때 우리가 누구와 함께 어떤 경로로 산행할 것인가는 개인적으로 선택하는 문제이다. 하느님께서는 언제나 우리와 함께하시지만, 성공적인 여행은 날씨와 바람을 감안하고 나침반을 사용하는 우리의 지혜에도 달려 있다.

영성에 '완벽주의자'로 접근하기

조각가가 나무에 상像을 조각할 때는 미리 머릿속에 이상적인 모습을 구상하고 나서 연필로 스케치하며 전체적인 윤곽이라든가 세부 계획을 세운다. 또 나무의 재질이라든가 변질 가능성 등 나무에 대해서도 이해해야 하고 아마도 조각을 해 가면서 더 많은 것을 알게 될 것이다.

이 예를 영성에 대한 접근법을 설명하기 위해 적용해 볼 수도 있다. 우리가 '완벽주의자Perfectionist'처럼 할 수 있는 하나의 접근법은, 우리가 얻으려고 애쓰는 이상적인 것을 목표로 정해 놓고 거기에 초점을 맞추고서는 모든 수단을 동원하여 그 이상을 추구하는 방식이다. 이상적인 조각상은 이미 조각가의 머릿속에 그려져 있고 조각하는 연장들이 그것을 만들어 내는 것이다. 60여 년 전의 가톨릭 교리는 이런 '완벽주의자'적인 접근법을 선호하였다. 교회의 가르치는 체계는 전통에서 유래된 것으로, 성직자, 수도자, 평신도처럼 결혼이나 미혼이냐 하는 서로 다른 삶의 신분에 따른 이상적인 '완벽한 그리스도인 상'을 앞에 두고 그 이상에 도달하기 위한 훈련과 방법으로 신자들을 몰아세웠다. 신자들의 임무는 교회가 가르치는 방법에 따라 노력하는 것으로, 기도, 보속, 극기, 성사 생활 등 교회 안에서 신분에 따른 적당한 덕행을 함양하는 것 등이었다. '네가 어떻게 느끼는지 말하지 말고, 그냥 지시하는 대로 하라'는 말이 틀린 것은 아니었다.

최근 60여 년간 영성이나 윤리에 있어서 신자 생활을

하는 아주 다양한 방법들이 개발되었다. 강론, 피정, 연수회나 영성 수련회를 통해서 개인의 체험을 중요하게 취급하기 시작하였고, 특별히 자기가 진정으로 누구인지 밝혀 주게 되는 하느님과 다른 사람들을 대하는 근본적인 반응에 대하여 주목하였다. 조각가가 취사선택해서 사용할 나무의 모양이나 홈 또는 특별한 재질에 대하여 이전보다 훨씬 더 바르게 주목하게 된 것이다. 신앙 공동체의 한 구성원으로서의 필요와 갈망, 그리고 능력이나 개인적인 내력 등 인간의 기본적인 사항들에 관심을 두게 된 것이다. 다시 말해 그리스도교의 영성이 우리에게 필요한 것이라면 우리는 이제 식별이 중요하다는 것을 인식할 수 있는 더 좋은 입장에 서게 되었다. 왜냐하면 식별은 복음이나 '시대의 징표'와 연관된 개인이나 공동체의 독특한 내력, 경험, 갈망, 열망이나 감정 등에 주목하면서 신자들의 성장을 돕는 것이기 때문이다. 조각가의 관점에서 본다면 의도하는 작품의 조상彫像은 일정한 나무토막에서 나오기에 조각가가 사용하는 나무의 질이나 결, 내력과 수령樹齡 등에 특별한 주의를 기울이는 것과 같은 것이다.

그러나 이것이 이상적인 그리스도인의 상으로부터 멀어지는 것을 의미하지는 않는다. 우리는 예수님의 강생과 생애, 죽음과 부활 안에서 드러난 하느님께서는 어떤 분이시며 인간에 대한 하느님의 부르심에 대한 내용을 항시 인지하고 있기 때문이다. 그러면서 우리는 우리 각자가 추구해야 할 소명으로 받은 그리스도인의 상이 우리 안에 주어져 있다는 사실을 다시 한번 인식하게 된다. 이것은 정확히 세상이 우리에게 알려 주는 우리의 가장 깊은 갈망과 하느님께 대한 우리의 과거와 현재의 응답이야말로 성장의 씨앗이요 하느님께서 부르시는 방향을 알려 주는 최고의 지시자indicator라는 사실이다.

열심

제2차 바티칸 공의회 이전에 가톨릭 신자들의 기도 생활은 대부분 다른 사람이 작성한 기도문을 읽거나 암송하는 것이었다. 기도 생활에 있어서 영의 식별을 위한 여지는 거의 없었고, 특별한 경우나 예외적인 것들뿐이었다. 일상과는 색다른 체험으로 기도 생활의 '높은 경지'에 도달한 사람에게만 노련한 영적 지도자의 도움과 식별이 필요했었다. 영적 지도자는 이 체험이 진실한지 유익한지를 가려내고, 그 체험에 어떻게 대응할 것인지 조언하였다. 특별한 계시나 환시 발현 등은 유효하고 가치가 있는지 알아보기 위해서 교회 당국자에게 보고하였다. 그러나 이런 것들은 특별한 경우라 할 수 있다.

제2차 바티칸 공의회 이후 로마 가톨릭 내에 열심의 상실이나 급격한 감소는 신자들의 삶에 진공 상태를 몰고 왔다. 이러한 급격한 공허함은 감정적이고 심미적인 궁핍을 초래하였다. 어쨌거나 그 후 신자들은 대신하여 새로운 종교적 예술이나 성화상, 성음악과 몸짓 그리고 그들의 필요에 따른 새로운 형태의 기도나 전례를 찾아 나서게 되었다. 식별의 자리를 모색한다는 의미에서 신자로서의 일상적인 삶 안에서 이런 변화의 두 가지 특징에 주목할 필요가 있겠다. 첫째는 특별한 소수를 위해서가 아니라 신자 대중을 위한 기도 방법으로써의 전례를 새롭게 하거나, 묵상이나 관상을 개발함으로써 사람들이 직접적이고도 일상적으로 성경의 말씀을 접하게 되었다는 사실이다. 둘째로 들을 뿐만이 아니라 말할 수 있는 기도 양식과, 자발적·적극적인 기도의 가치를 다시 발견했다는 사실이다. 이 두 가지 발전이 일상생활 안에서 식별을 실천할 수 있는 환경을 조성하게 되었다. 한편으로는 식별이 하느님의 말씀을 개인에게 적용함으로써 자신의 삶을 스스로 꾸려 갈 수 있게 하였다면, 역으로 이 식별이 효과를 내려면 듣겠다는 태도 곧 하느님 앞에 자신을 열고 수용하겠다는 기도의 자세가 필요하게 된다. 성경에 대한 묵상은 하느님의 말씀을 듣고 하느님을 만날 수 있는 특별한 곳이기 때문이다.

결론

 이번 장에서는 우리가 신앙생활을 하면서 체험한 변화를 서술하였다. 교회가 무엇인지에 대한 우리의 이해와 개인의 자유와 책임에 대한 가치 그리고 윤리와 영성에 대한 접근과 기도 생활을 통한 변화 등이었다. 비록 로마 가톨릭 교회에 주로 초점을 맞추어 살펴봤지만, 개신교회들이나 여타 다른 교회들도 같은 변화를 겪었음엔 의심할 여지가 없다. 내가 이렇게 기술하는 이유는 현재 그리스도교 식별의 영성 개발이야말로 교회의 삶에 지대한 가치를 가져온다는 것과 이것이 꼭 필요하다는 사실을 설명하고자 한 것이다. 내가 설명한 새로운 이해와 실제로 이루어진 변화들은 이렇게 교회의 삶을 풍요롭게 할 수 있다는 가능성을 보여 준다.

 하여간 위에서 설명한 이러한 발전들은 지금도 중단 없이 계속되고 있다. 교회는 물론 사회에 있어서도 이 변화의 물결이 계속적으로 일고 있다. 이러한 배경을 놓고 볼 때 우리의 선택으로 우리의 삶이 형성된다면 방법상으로 올바른 선택이 필요한 것이다. 급변하는 상황 속에서 진정한 신자로서의 사도 직분의 길을 찾고 그에 따른 창조적인 선택을 하려면 식별이 필요한 것이다. 식별은 성령의 리듬에 맞추는 춤과 관계있다. 이것은 이러한 변화 속

에 현존하시고 이러한 변화를 통하여 하느님 모상으로서
세상의 창조에 협력하도록 우리를 초대하시는 하느님의
성령과 관련을 맺는 것이다.

2장

식별의 배경

식별은 일상적인 삶에서나 또는 특별히 중요한 결정을 할 때에 선택을 올바로 하는 것이다. 우리가 어떤 선택을 한다는 것은 언제나 추상적이 아니라 일정한 시간과 공간 안에서 그리고 특별한 옵션의 범위 안에서 행하는 것이다. 이것이 당연한 언급인 것 같지만, 식별에 있어서는 이론적으로나 실제에 있어서 대단히 중요한 것이기에 이들을 주목해야 한다. 이 선택의 배경을 단순히 소극적으로만 취급해서는 안 된다. 왜냐하면 우리가 어떤 선택을 할 때 주어진 환경은 선택의 전 과정에 대단히 큰 영향을 미친다. 그래서 이 장에서는 이 식별의 과정 중에서나 식별의 방법을 논의할 때 영향을 미칠 수 있는 사회적, 문화적, 종교적이고 개인적인 중요한 환경적 요인들에 대하여 다루어 보겠다. 이에 앞서 우선 식별을 이해하고 인정할 수 있는 기본적인 신학적 기반을 알아보자.

식별의 배경: 하느님의 창조

인간이 살고 있는 창조된 우주에 대한 오늘날 그리스도인들의 사고는 극적인 변화를 겪고 있다. 옛날, 그러니까 전통적인 이해에 따르면 우주와 그 안에 있는 모든 것들은 인간이 다스리고 통제하도록 하느님께서 인간에게 소명을 부여하셨다는 것이었다. 이 견해는 창세기의 창조 설화를 특수한 입장에서 해석하고 이해하는 것이다. "자식을 많이 낳고 번성하여 땅을 가득 채우고 지배하여라. 그리고 바다의 물고기와 하늘의 새와 땅을 기어 다니는 온갖 생물을 다스려라."(창세 1,28)라는 축복과 "집짐승과 하늘의 새와 모든 들짐승"(창세 2,20)의 이름을 붙여 줌으로써, 하느님께서 인류를 대표하는 아담으로 하여금 세상의 모든 자원을 통제하고 사용할 수 있는 권리를 행사할 수 있는 권한을 부여하신 것으로 오랫동안 이해해 왔다. 모든 창조물을 '책임 있게 관리한다'는 그리스도교적 이론은 전반적으로 창조물이 한 개인이나 집단의 이기적인 이익을 위함이 아니라, 인간이 공동선을 위하여 다스리고 소비할 권리를 갖는다는 것이었다. 어쨌든 이 이론의 숨길 수 없는 특성은 인간이 인간의 복리나 개발을 위하여 지구상의 모든 부를 소비하고 착취할 수 있다는 믿음이었다.

최근에는 이런 입장에 반대하는 새로운 방식의 깨달음이 일고 있다. 순진하게도 오랫동안 산업과 기술의 발전이 아무런 해악을 주지 않고 이익만 준다는 것을 당연하다고 믿었다. 그래서 우리는 현재 생태계의 균형과 인간의 생명을 유지하기 위해 필수적인 열대 우림이나 오존층 같은 환경을 파괴하고 있다. 많은 이들이 산업화와 현대 경제 그리고 기술의 발달이 초래할 파괴를 지적하고 있다. 몇 만 개나 되는 핵탄두는 지구를 몇 번이고 파괴할 수 있고, 각 대륙에서 대대적으로 자행되는 오염과 자연환경 파괴는 물론, 식량과 일용품 및 자원의 분배 구조는 저개발로 인한 수백만 명의 굶주리는 사람들을 낳는 결과를 가져왔다.

이러한 지구의 상태는 우주 생태계를 무시하고 인간을 중심으로 독점적·무비판적으로 자연을 착취한 문화와 그 문화 속에서 자라 온 사실에서 기인한다. 이는 인간이라는 種종의 발전에만, 더 정확히는 인간이라는 종이 차지하는 세상의 부에만 정신을 쏟아 왔기 때문에 생명을 담보하는 환경인 지구 자체의 생존이 위험에 처하게 된 것이다. 그러기에 시급한 일은 더 늦기 전에 이 파괴적인 흐름을 바로잡는 것이다. 즉 인간과 자연의 분리나 차별이 아니라 서로 간의 일치와 피조물과 인간 상호 의존 관계를 강조하고, 지구의 나머지를 마저 희생해서 인간이 이익을 얻는다는 것은 인간과 인간을 지지하는 환경을 실제로 파괴한다는 사실을 역사가 가르쳐 주고 있음을 인정하며, 그리하여 우주를 단일한 역사와 운명을 지닌 한 개체로 인정하며 피조물 전체의 안녕을 위해 힘써야 한다는 것이다. 이것을 위해서는 필수적으로 자원이 세계적 차원으로 분배되고 사회적으로 기여할 수 있는 새로운 경제

질서가 요구되는 것이다.

이 문제에 관해서는 폭넓은 견해가 있다. 스펙트럼의 한쪽에서는 지구의 현재 상태에서도 인류의 이런 변화가 다소간에 수용될 수 있다고 보는 견해가 있는 반면에, 다른 편에는 주도적인 서구 문화가 너무나 기계론적, 이원론적, 가부장적, 인간 중심적이고 군사적이라, 지구는 물리적으로나 도덕적으로 이미 대재난을 입고 있는 상태여서 큰 변화는 불가능하다는 믿음이 있다.

하느님의 창조 전체에 대한 우리의 태도가 지금 우리가 하게 되는 결정에 알게 모르게 영향을 끼치는 요인이 된다. 매일의 삶이나 어떤 중요한 사안의 선택에 있어서 하게 되는 식별의 과정에서 우리의 윤리적 입장은 우리가 하게 되는 결정에 커다란 차이를 가져오게 된다. 이것은 명백한 사실이다. 한 예를 들어 보면, 경제나 환경 정책에 있어 어떤 정치가나 큰 힘을 지닌 인사가 내리는 결정은 많은 이들에게 직접적으로 영향을 미치게 되는 것이다. 비록 보통 사람들이 내리는 사소한 일, 정치적 입장, 돈이나 재산 문제, 회사의 주식, 개인이나 가족의 생활 양식 등에 대해서 내리는 결정들도 그렇게 명백하지는 않지만, 창조된 세상과 세상 안에 있는 인간의 지위에 대한 태도에 따라서 적어도 부분적으로는 영향을 미치게 되는 것이다. 예를 들어 내가 만약 대기 환경이나 지구의 온난화에 끼치는 영향을 생각하지 않고 지구의 자원을 마음대로 소비하거나 착취할 수 있다고 믿는다면, 창조 질서를 보존하고 지구의 안전을 최우선으로 생각하는 사람이 하게 되는 선택과는 비록 일상의 하찮은 선택이라 하더라도 너무나 다를 것이 명백하기 때문이다.

식별의 배경: 사회와 문화

식별은 하느님과 활발히 소통하면서 하게 되는 선택이다. 우리의 선택은 어떤 가치를 지니고 있으며, 이 가치들은 우리가 속하고 있는 특정한 사회와 문화로부터 기인한 것들이다. 이같이 사회나 문화는 우리가 선택하는 선택권이나 우리가 그것들을 선택하는 방식에 중대한 영향을 끼치게 된다.

서구 사회와 이 동시대의 주요한 대체적인 특징 중의 하나는 전반적으로 사회나 공동체의 선익을 희생시키면서 대체로 개인의 선익을 더 중요한 가치로 여기는 경향이다. 우리 문화의 이러한 부분의 영향 때문에 그리스도교 식별에 있어서까지도 과도한 개인주의적 위험이 개재介在될 수 있는 여지가 있는 것이 사실이다. 우리는 아래의 사실에 주목해야 한다. 한 개인은 사회의 문화 즉 조직과 제도 안에서 생성되고 양육되었기에, 개인이 살아남고 삶의 질을 높이기 위해서는 그것들에 의존할 수밖에 없다는 사실을 간과해서는 안 된다는 점이다. 사회적 관계와 조직과 제도들은 개인이 자라고 영양을 섭취하는 토양이다. 만약에 그들이 그 토양에서 떠난다면 죽을 위험에 처하고 말 것이다. 더 나아가 우리는 자신이 개인적으로 올바른 선택을 해야 하는 것 외에 사회에 대한 책임도 지고 있다. 예를 들면 사회 복지를 증진하기, 가치 형성에 기여하기, 하느님의 아들딸로서, 예수 그리스도의 형제자매로서의 품위를 유지하며 살 수 있도록 사회를 가꾸어 나가기 등이다. 그리스도교 신앙은 나와 하느님과의 개인적인 일뿐만 아니라 사회와도 분리될 수 없는 차원을 가지고 있다.

우리가 신앙인으로서 선택할 때 이러한 사실들을 무시하거나 고려하지 않는다면, 사회나 타인뿐 아니라 개개인의 삶도 위태롭게 될 수 있다. 이것은 파멸의 길로서, 하느님의 사랑은 모두를 위한 것이고, 하느님의 관심은 모두의 복리에 있기 때문이다. 하느님의 계획에 의하면 하느님이 원하시는 바대로 개인의 완성을 성취하는 길은 자신만을 위하거나 각자도생이 아니라 사회와 문화의 한 구성원으로서 사회와 올바른 관계와 조직 그리고 제도를 통해서 이루어지는 것이다.

　그와 동시에 그리스도교인의 식별에 있어서 또 하나의 중요한 사실은 우리의 선택이 우리가 살고 있는 문화나 사회에 의해서 전적으로 결정되는 것은 아니며, 문화나 사회가 우리에게 제공하는 비판이나 도전과 가치를 우리가 제어하는 위치에 있다는 것이다. 결국 그리스도교 신앙생활의 기본이 되는 하느님 말씀은 인간의 지혜나 일련의 가치 체계를 능가하는 그 이상의 어떤 것이다. 유대교와 그리스도교 역사를 통틀어 예수님과 예언자들처럼 하느님의 말씀을 듣도록 불리었고 또 그 말씀에 인도되었다고 믿었던 사람들은 자신들이 살았던 사회의 어떤 사항들에 대하여 비판적 관점을 취하는 특권을 요구하였다. 그들은 하느님 말씀에 근거하여 문화나 사회를 비판하고 동시대의 가치 체계나 사회 구조가 제시하는 것과는 현저하게 다른 대안을 제시하였다. 그러므로 식별이 하느님으로부터 받은 계시를 우리의 선택을 위한 의제로 삼는다는 것을 의미한다면, 기본적으로 우리도 동등한 자유를 가지는 기회가 되는 것이다. 우리가 정직하게 신앙생활을 한다면 우리가 속해 있는 문화나 사회가 지니는 가치에 적절하게 도전해야 하고, 하느님 말씀을 이해하고 습득하여 거기서 생성된 가치 체계를 근거로 삼아 선택해야 한다는 사실이다. 이렇게 되면 우리가 비록 사회의 구조나 문화의 가치가 녹아 있는 선택을 하겠지만, 또한 자유롭게 대안을 제시하며 예언자적인 다른 수단들을 가지게 되는 것이다.

식별의 배경: 교회, 신앙 공동체

그리스도교 식별은 항상 신앙 공동체라는 배경을 두고 실행된다. 신자가 된다는 것은 외톨박이 인생을 의미하지 않고 하느님의 백성인 공동체의 구성원이 된다는 것을 의미한다. 처음부터 하느님 구원의 선물은 서로 간의 고립된 개인이 아니라 한 백성에게 주어진 것이다. 그 백성인 교회는 자신을 둘러싸고 있는 세계와 끊임없이 상호 작용을 하는 사회적 실재다. 그러므로 그리스도인의 사도 직분은 우선 개인적인 문제라기보다는 이 세상과 백성들에게 내려 주시는 하느님의 구원과 화해의 요청에 응답하는 것이다.

실제로 신자가 된다는 것은 보통 몇몇 다른 점들이 있기는 하지만, 즉각적으로 공동체와 관련을 맺는다는 것을 의미한다. 가족, 본당, 교구, 교회 일반 그리고 이들 조직 안의 기도 모임, 예비자 교리반, 생활 공동체, 수도회, 국제적인 협력 공동체 등, 이와 같은 공동체에 참여하는 형태의 그들과 우리가 연관을 맺는 범위는 매우 광범위하다. 하여간 지금 식별이라는 관점에서 본다면, 우리가 어떤 선택을 하거나 성령의 인도하심에 따르려 할 때에 외톨박이 개인으로서가 아니라 공동체의 한 구성원으로서 행동하게 되는 것이다. 성령의 식별은 개인과 조직 모두의 활동인 셈이다. 한 공동체는 그 안에서 우리가 실행하는 식별의 전반적인 얼개의 한 부분을 제공하고 있는 바탕이 된다.

다양한 공동체들은 우리가 선택하는 데 다양한 방법으로 도움을 준다. 마치 사회와 그 문화와도 같이, 우리가 속한 교회의 규범과 실천, 신앙, 전통은 우리의 마음과 감정을 형성함으로써 우리가 살아가는 가치를 결정하고 하느님의 백성이 되게끔 도움을 준다. 더 나아가 우리가 속해 있는 지역 공동체는 직접적이고도 구체적으로 올바른 선택을 하는 데 영향을 미친다. 예를 들면 평신도가 실행하는 식별에 지대한 영향을 받게 되는 공동체들로는 그들의 가족이나 친구, 지역 본당이나 교구, 혹은 그들이 소속된 신심 단체들로써 여러 방면일 수 있다. 한 사제가 실행하는 식별에 영향을 받는 공동체는 본당이나 교구일 수 있다. 수도회에 소속된 수도자들도 마찬가지로, 비록 개인적인 문제라 할지라도 어떠한 식별에 아주 중요한 역할을 할 수 있고 제 목소리를 낼 수도 있는 것이다.

더 나아가 식별에 있어서 개인과 공동체의 관계는 쌍방향 대화라 할 수 있다. 한편으로 공동체가 우리의 가치를 형성하는 데 도움을 주고, 우리는 거기에 따라서 식별하고 그것을 따라서 살게 된다. 반면에 우리가 사는 사회 공동선의 가치와 조직을 형성하는 데 힘써야 할 책임이 우리에게 있기에, 우리를 양육하고 지지해 주는 소속된 교회나 신앙 공동체를 육성해야 할 의무가 우리에게도 있다. 공동체의 선익은 우리가 선택을 실행하는 중요한 요인이기에 우리에게 주어진 이 의무를 다해야 한다.

가끔은 과장된 개인주의에 젖어 있는 경향이 있기에, 우리가 소속된 신앙 공동체가 개인의 식별에 있어서 제역할을 제대로 해야 한다는 것을 인정하는 것이 대단히 중요하다. 예전에는 오랜 기간 동안 공동체의 조직이 엄격하고 권위적이었으며 개인의 식별 가능성을 발견한다는 것은 꿈도 꿀 수 없었기에 지금 생각해 보면 마치 개인의 자유를 해방시키는 것처럼 생각할 수 있게 되었다. 그러나 그렇게 되면 이것은 억압된 엄격한 조직에 자유의 이름으로 대응함으로써 과도한 개인주의를 주장하게 되어, 공동체와 그 지도자들과의 동반자적 관계 안에서라기보다는 오히려 외톨이로서 하느님의 뜻을 찾으려 시도하는 사례가 될 수도 있다. 이런 식으로 '하느님의 뜻'을 찾으려 하는 시도는 환상이고 재앙을 불러올 수도 있다. 이것은 마치 남편이 부인이나 가족을 동반자로 여기지 않고 무시하며 하느님의 뜻을 찾으려 하는 것과도 같다. 비록 개인적인 문제라 하더라도 성령을 식별한다는 것은 신앙 공동체가 적절히 자기의 역할을 하면서 조직과 개인이 함께할 수 있는 진정한 감각을 가져야 한다.

마리아라는 수도자를 한 예로 들어 보면, 그녀가 자기의 사도직을 변화시켜야 할 때가 왔다고 느낀다고 하자. 공식적으로 수도회의 회원들에게는 통상 관구로부터 약간의 권고와 함께 그들에게 사도직이 주어진다. 하여간 이런 것은 이제 변화했고 최근에는 개인들 각자가 '개인적인 식별'을 실천하도록 권장하고 있다. 마리아는 자기 수도회원이 아닌 영적 지도자와 정규적인 영적 상담을 하면서 식별의 과정을 밟고 있다. 그녀는 새롭게 발견된 자유를 만끽하면서 드디어 자기가 결정한 식별을 가지고 관구와 접촉을 시도한다. 관구에서 이의를 제기했을 때 그녀는 그녀가 식별한 사항을 하느님의 소명이라고 단호하게 주장한다. 이 단계에서 그녀의 식별이 어느 정도 개방적이고 정직한 것이라 해도, 이 점에서 그녀는 자신의 선택을 공동체와는 격리된 채로 실행한 것이 된다. 그녀의 의사 결정 과정이 진정한 식별이 되려면, 그녀가 소속된 공동체와 동반자적인 관계 안에 있어야 하고, 자신의 좋은 뜻뿐만 아니라 공동체의 선익도 함께 고려해야 할 책임이 있는 것이다. 이것이 성령께서 교회 안에서 어떻게 활동하고 계시는가 하는 점이다.

건전한 식별을 위해 중요한 것은 소속된 공동체와 개인 사이의 동반자적 관계가 내포된 것이 사실이라 하더라도 개인의 삶과 자유가 침해되지 않도록 보장되고, 이들이 공동체에 의해서 결정되거나 조종되지 않도록 해야 한다는 점이다. 식별이 결실을 맺으려면 개인이나 작은 모임들은 큰 공동체 안에서 각자 자신의 자유를 위한 공간이 필요하다. 이것은 아주 중요한 사안으로서, 성령의 활동은 보편 교회와 성직자와 평신도를 통함은 물론 지역 공동체와 개인을 통해서도 이루어지기 때문이다. 앞에서 본 바와 같이 아주 권위주의적인 교회 안에서의 식별은 특히 평신도들에게 개인의 자유가 개입될 공간이 별로 없었다. 권위주의적인 조직이 너무 강했기 때문에 구성원들이 선택하는 효과적 능력은 박탈당하고, 지역 교회나 단체 그리고 개인적인 성령의 활동이 통제될 위험이 있었던 것이다.

실제로 제도주의적이고 권위주의적인 조직체보다는 구성원들이 함께 참여하는 공동체적인 조직이 좋은 식별을 위한 환경을 만든다. 구성원들이 참여한다는 의미는 사회적 관계나 출생이라는 인연에 의한 것이 아니라 개인의 선택이나 헌신으로 특정 교회나 공동체에 가담하는 것을 말한다. 이것은 하느님의 성령께서 모든 구성원 안에 현존하시고 활동하신다는 이론적이고도 실천적인 사실을 인정하는 교회의 비전을 포함하는 것으로, 성령이 교회에 무엇을 말씀하시는가를 찾는다는 것은 단순히 성직자들이나 중앙의 가르침에 책임을 의존하지 않고 사람들이 다양한 방법으로 함께 협력하며 풀어갈 문제라는 것이다.

그러나 이런 대화가 신앙 공동체 내의 만장일치나 화목을 담보한다고 생각하는 것은 비현실적이다. 교회 공동체 구성원들이 권위주의적이지 않고 서로 참여하는 모델이라 하더라도 성령에 성실하며 간구한다는 것이 언제나 조용하고 조화로운 과정을 보증해 주는 것은 아니다. 실제로 어떤 이들은 성령을 추구함에 있어 주어진 요인들이나 연관된 사람들로 인하여 어쩔 수 없는 불화나 다툼 또는 긴장이 개재될 것이라고 쉽게 짐작할 수 있을 것이다.

개인이나 단체를 막론하고 어떠한 식별의 과정에서도 다툼의 원인이 되는 서로 반대되는 감정 상태에서는 긴장이 고조되기 마련이다. 더 나아가 공동체가 크든 작든 간에 공동체 내에는 주장이나 신념에 있어서 서로 다른 정당한 견해가 있을 수도 있다. 그러나 성령의 뜻을 찾는 데 관련된 지도자를 포함한 공동체의 구성원들이 게으름, 눈가림, 개인의 이익, 다른 견해에 대한 저항, 분리주의적인 조망, 무조건 현황이나 제도를 유지하고픈 욕망이나, 육체적으로 유전된 다른 많은 질병에 좌우될 가능성을 가지고 있는 것도 사실이다. 이 모든 것이 긴장이나 대결을 불러 올 가능성을 가지고 있다.

그러나 사람들이 발생시키는 이러한 긴장이나 모든 요인들의 본질은 성령께 충실함으로 해결할 수 없는 장애가 된다기보다는, 하느님께서 정하신 확실한 수단이랄 수 있는 공동체가 성령의 뜻하심을 찾아내야 하는 문제일 것이다. 시에나의 성녀 카타리나, 아시시의 성 프란치스코, 아빌라의 성녀 데레사, 로욜라의 성 이냐시오, 메리 워드 같은 우리 시대의 많고도 뛰어난 신자들은 자신들이 교회의 지도자들과 사이가 좋지 않았음을 알았지만, 결과적으로 이런 대립이야말로 창조적인 결실을 거두었다는 것을 증명했다. 실제로 성령의 인도하심을 정직하게 추구하며 식별을 공동으로 행하는 것은 공동으로 사업하는데 있어서 서로 다른 견해나 다양한 감정을 인정하고, 서로 다름과 장애 그리고 저항을 인정하며 의도를 명확히 해야 하는 문제와 관련되는 것이다. 그로써 일어나는 긴장과 분쟁은 개인이나 공동체로서는 가끔 아프기는 하겠지만 성령의 인도하심에 따라 식별하기 위해 마음과 가슴과 정신을 서서히 치유하도록 하느님께서 마련하신 적절한 과정이라 할 수도 있는 것이다. 이렇게 우리가 진실을 정직하게 찾는 데서 불가피하게 겪게 되는 긴장과 분쟁은 창의력을 키우는 삶의 자원이 되고 또 우리를 성장시켜 주는 요인이 된다.

식별의 배경: 개인과 공동체 신앙의 내력

식별은 우리가 미래를 지향하며 전진해 갈 수 있도록 현재 삶의 방향과 형태를 지시하는 것과 관련된다. 그러나 우리의 삶은 이미 과거의 환경과 또 그러한 환경 아래 결정된 선택에 따라 삶의 방향과 형태가 정해져 있다. 개인적이든 연합적이든 간에 우리가 이미 타인들과 함께한 과거가 지금 우리의 모습을 만들어 온 것이다.

그러므로 하느님 성령이 인도하심에 따라서 우리가 선택하게 되는 중요한 또 하나의 요소는 개인과 공동체의

'신앙의 내력'을 주목해 보는 것이다. 신앙의 내력이 뜻하는 것은 우리 각자가 하느님과의 관계 안에서 드러내고 살아온 개인과 사회 문화와 교회 환경이다. 각 개인 자신의 역사는 한동안 하느님을 잊거나 무시하거나 알지 못했던 시기까지 포함해서 하느님과의 관계를 모두 포함한다. 하느님에 대해서 우리가 관심을 기울이지 않았다는 것은 하느님께서 우리에게 관심을 두지 않으셨다는 의미가 아니다. 우리가 하느님을 의식했든 않았든 간에 우리의 전 생애는 하느님과의 관계 안에서 살아온 것이다. 왜냐하면 하느님께서는 비록 우리가 의도하지 않는다고 할지라도 우리가 가진 것들과 우리 삶의 살아 있는 근원이시기 때문이다. 개인이나 단체 신앙의 내력은 하느님께 응답한 두 가지 종류의 이야기라 할 것이다. 한 가지는 하느님과 일치를 추구하고 하느님의 초대에 사랑과 너그러움을 가지고 응답하던 때이고, 다른 하나는 사랑의 결핍으로 하느님에게서 멀어졌던 때이다. 은총과 죄 두 가지 모두의 역사를 말하는 것이다.

신앙의 내력에 있어 공동체적인 차원을 잊어서는 안 된다. 개인과 공동체의 서로 다른 우리 삶의 흐름은 마치 평행선을 따라 흐르듯 서로 간에 고립된 것이 아니다. 그들은 서로 교차하며 물처럼 서로 뒤섞여 있다. 하느님께서는 우리를 한 백성으로 혹은 백성 안의 한 개인으로 상대하신다. 우리 개인의 역사는 하느님 백성의 위대한 이야기 속의 요소들이다. 우리가 살고 있는 세계나 사회 문화나 교회는 하나의 역사를 가지는데, 그 속에 우리의 역사도 밀접하게 묶여 있는 것이다. 하느님의 사랑에 긍정적이든 부정적이든 간에 우리가 선택한 결정들이나 선임자들이 내린 결정들은 지금의 체계나 구조 그리고 제도를 창안했고, 우리는 그들과 함께 사는 것이다. 그 역사는 우리를 창조하는 데 도움을 준 것들이다. 이것을 넓은 범위로 신앙에 적용해서 살펴보면, 우리가 함께한 모든 역사는 식별에 있어서 중요한 한 요인이 된다. 왜냐하면 그것은 당신의 백성과 함께한 하느님 계약의 이야기이기 때문이다. 그것은 성실하신 하느님께서 과거에 어떻게 당신의 한 백성으로서 우리를 상대하셨는가를 보여 주고 있으며, 마찬가지로 현재 우리가 선택하는 결정들도 그 중요함을 지니고 있음을 보여 주기 때문이다.

우리가 하느님과 관계된 우리의 삶을 말하고 거기에 대한 다른 국면들에 대해서 반성한다는 것은 과거 그 이야기 안에 하느님이 어디에 계셨으며 하느님이 어떻게 현존하시고 어떻게 살아 계시는가를 파악하는 데 도움이 된다. 이것은 식별에도 도움이 된다. 우선 하느님이 과거 우리의 삶 안에 현존하시고 활동하셨던 모형은 지금 여기서 하느님께서 우리를 어디로 인도하시는가를 말씀해 주시기 때문인데, 이것이 바로 식별에 있어서 우리가 관심을 가지는 이유다. 우리 개인의 삶은 고립된 연못들이 연이어진 것이라기보다는, 숨을 쉬며 흘러가는 시내에 더 가깝다고 할 수 있다. 하느님께서 과거에 우리를 상대하셨던 것과 우리를 미래로 인도하시는 것 사이에는 연속적인 하나의 흐름이 있다. 그러나 이것은 현재와 미래가 과거와 똑같다거나 같을 거라는 말은 분명히 아니다. 결국 이것은 역사나 성장은 같은 환경이나 같은 사건들의 단순한 반복이 아니라는 사실을 말한다. 모든 변화에도 불구하고 우리 각자는 같은 사람으로 남아 있기에, 하느님께서 일생을 통하여 우리를 상대하시는 그 방법들에는 연속성이 있다. 동시에 '산다는 것이란 되어 간다는 것', 그리고 이 계속성과 더불어 우리는 혁신, 성장, 발전, 새로운 방향, 새로운 탄생을 체험하게 된다. 우리가 개인적인 신앙의 내력을 따져 보는 목적은 하느님께서 우리를 어떻게 상대하시고 계셨는지에 주의를 기울이고, 현재 우리가 하느님께 응답함으로써 우리의 성장과 창의성 그리고 새로운 방향을 위한 가능성을 찾아보기 위함인 것이다.

우리가 신앙의 역사에 대해서 반성하고 이야기한다는

것은 또 다른 측면에서 식별하는 데 도움을 준다. 그것은 하느님과의 관계 안에서 우리가 진짜로 누구인지, 차츰 우리의 진정한 자아를 찾는 과정이라 할 수 있다. 이것은 우리 자신의 빛과 어두움, 강함과 약함, 신앙심과 죄의식, 상처와 건강함을 받아들이는 것도 포함한다. 우리 자신을 소유하고 있는, 하느님이 우리를 상대하시는 역사를 반성하고 말하고 이야기하는 것은 우리가 자유의 길로 향하도록 도와준다. 진정한 자유는 내가 하느님께서 의도하신 사람이 될 수 있는 능력이다. 그 능력은 일생의 방향과 삶의 형태를 결정하도록 하느님과의 관계 - 거기서 하느님의 은총을 이끌어 내어 - 를 허용하는 능력이다. 하느님과의 관계 안에서 우리 개인과 공동의 역사를 받아들이고 인정하고 이용함으로써 우리가 진정으로 우리 자신을 더 깊이 그리고 많이 소유하면 할수록 우리는 자유 안에서 더 많이 성장할 수 있게 된다. 우리가 자유롭게 살면 살수록 성령의 목소리를 더 많이 들을 수 있고 인도하심에 따를 수 있게 되는 것이다.

식별의 배경: 하느님에 대한 이미지

식별이란 하느님과 끊임없이 대화하며 하느님과 교류하고 있다는 것을 전제하고 선택하는 것이다. 우리는 각자 자신의 개인적인 하느님에 대한 이미지를 가지고 있다. 이 이미지들은 마치 우리가 가지고 있는 가치에 따라서 사는 것처럼 우리의 개인적인 경험, 교육, 사회의 전통, 문화와 교회 등등의 산물이라 할 수 있다. 그럼에도 이 이미지들은 어떤 인위적인 의식을 요구하지 않는다. 우리는 실제로 '하느님께서는 나에게 있어서 어떤 분이신가?', '우리는 어떻게 하느님과 관계를 맺고 있는가?' 하고 의식적으로 생각하지 않는다. 그럼에도 대부분은 감추어져 있겠지만, 하느님에 대한 그러한 '그림들'은 우리의 삶에 지대한 영향을 끼친다. 한 예를 들면 그것들은 우리가 실제로 하느님에 대해서 무얼 생각하는지를 가리킨다. 또한 그것들은 우리가 삶이나 기도 안에서 하느님께 어떻게 응답하는지, 다른 사람들을 어떻게 상대하는지에도 영향을 끼친다. 마치 우리가 상대를 대할 때 순간적인 태도가 그들에 대한 우리의 무의식적인 감정이나 태도를 드러내는 것처럼 우리의 말이나 행동은 그렇게, 특히 기도에서 하느님에 대한 기본적인 감정이나 태도를 드러낸다.

다시 식별로 되돌아가서, 우리가 의식하든지 하지 않든지 하느님에 대한 우리의 이미지는 우리가 선택하는 조직 체계의 한 부분이라는 점과, 또 그들의 영향력이 큼을 안다는 것이 중요하다. 식별은 하느님께서는 누구시고 하느님께서는 무엇을 하시는 분이신가에 대한 우리의 생각으로서 우리가 결정을 내리는 데 영향을 미치게 되는데, 이는 하느님께서 그 선택을 통하여 우리 삶 전체를 주관하시도록 허용하는 것을 의미하기 때문이다. 우리가 어떤 것을 선택하거나 다른 것을 선택할 때 사용하는 도구 중의 하나라 할 수 있는 이 이미지들은 그 선택의 과정 중에서 긍정적이거나 부정적인 영향을 끼치게 된다. 사실 그 중에 어떤 것은 아주 어려운 식별의 결과를 가져올 수도 있다. 예를 들어 내 삶에 있어서 하느님에 대한 주된 이미지가 '당신의 힘을 마음대로 휘두르는 예측할 수 없고 저 멀리 떨어져 있는 어떤 왕'이라고 가정해 보자. 만약 내 삶이 이러한 하느님의 영향을 크게 받는다면 어떤 유용한 식별은 대단히 어려울 것이다. 식별을 위한 기본적인 조건 중의 하나는 '당신의 계약과 약속에 충실하신 하느님께 대한 신뢰'다. 그러나 이렇게 하느님에 대해서 독특한 생각(힘을 마음대로 휘두르고, 예측할 수 없고 멀리 떨어져 있는 왕)을 가진다면, 이는 결코 상식적이지 않으며 신뢰보다는 두려움을 일으킬 것이다. 내가 극도로 힘이 세고 전적으로 예측할 수 없는 하느님을 생각하고 있다면 하느님께 자신을 내맡길 수 있는 신뢰는 없을 것이다.

식별이란 궁극적으로 우리가 할 수 있는 데까지 자신을 하느님께 맡겨 드리는 것이며, 우리의 선택을 통하여 우리의 삶을 결정하시도록 하느님께 청하는 것이고, 그리하여 하느님께서 내게 의도하신 대로 당신의 창조 사업을 하시도록 자신을 내어놓는 것이다. 그러므로 우리의 식별이 결실을 거두려면 신뢰심을 가지고 자신을 하느님께 맡기는 것이 필요하다. 많은 신자가 하느님에 대해 가지고 있는 개념들 가운데 끊임없는 사랑, 연민 그리고 용서하시는 하느님에 대한 자화상은 둘도 없는 토대가 될 것이다.

식별은 하느님과 끊임없는 대화와 기도 중에 선택하는 것을 말한다. 그래야만 하느님과의 관계를 맺고 있는 우리 자신과 하느님을 올바로 이해할 수 있고 결실을 거둘 수 있다. 기도와 관상은 '하느님께서는 누구시고, 우리는 진짜로 누구인가' 하는 점을 의식하게 만든다. 하느님 앞에서 우리는 하느님의 피조물로서의 영광과 더불어 보잘것없는 존재임을 의식하게 된다. 우리의 위대함과 영광스러움은 하느님에 의해서 창조되고 거룩하게 되며 선택되어 예수 그리스도의 형제자매요 하느님의 아들딸이 되었다는 사실에서 연유한다. 동시에 우리는 부족하고 보잘것없는 존재임을 알고 우리의 부족을 알아주시고 그것을 연민으로 받아 주시는 하느님 안에서 즐거워하고 동경하는 것이다. 신자들이 가지고 있는 무조건적인 사랑과 다함이 없는 하느님에 대한 이미지는 예배 안에서 우리가 신뢰할 수 있는 하느님 때문에 우리의 필요를 충족시키게 된다. 예수 그리스도 안에 육화되신 하느님께서는 우리의 연약함과 피조물이 지닌 근성을 받아 주실 뿐만이 아니라 솔직하게 우리에게 맡기시며, 우리 인간성의 연약함과 영광을 지켜보시고, 우리가 연민의 하느님이 필요함을 아시고 만족시켜 주신다. 더 나아가 우리는 관상을 통하여 우리를 감싸고 있는 세계와 우리 자신 안에 있는 사랑의 부족, 불의, 죄의 존재에 점점 민감하게 되어 간다. 우리는 무상의 선물인 구원과 자유를 주시고 우리를 쉽게 용서하시는 하느님과 떨어져서는 안 된다는 사실을 인식하게 된다. 그래서 성경을 통하여, 특히 예수 그리스도의 삶과 죽음 그리고 부활을 통하여 우리에게 계시하신 하느님에 대한 이미지는 식별의 확실한 소득의 기반이 되는 뼈대를 제공하는 것이다.

식별은 사랑이신 하느님께서 확고하게 지속적으로 세상에 현존하시고 활동하신다는 사실을 전제한다. 그러나 우리는 가끔 지레짐작으로 잘못 생각하기도 한다. 하느님의 현존은 사람들 안에서나 사건들 안에, 그리고 장소들이나 시간, 혹은 전통적인 의미에서 종교적이거나 거룩한 표징 안에서만 모호하게나 명확하게 감지된다고 생각하는 것이다. 또 한 예로 하느님께서는 하느님께 가까이 다가가 무릎을 꿇거나 기도하는 중에 혹은 성당이나 경당 안에, 종교적인 내용을 지닌 상징 안에, 예배나 성사들 안에, 그리고 거룩한 사람들 안에만 확실하게 현존하신다고 생각하는 것 등이다. 마찬가지로 우리는 하느님의 현존을 특별히 그리스도교적인 이러한 사물들에만 한정한다. 어찌 되었던 간에 식별이 세상에서 하느님의 행위 속으로 우리가 들어가는 것과 하느님께서 우리를 이끌어 주시기를 원하는 것을 의미한다면 우리는 마땅히 넓은 시각을 가져야 한다. 우리는 언제나 어느 곳에서나, 좋을 때나 역경 중에서나, 하느님께서는 전 세계와 세계의 모두를 포함하는 하느님 나라(하느님의 다스림)를 건설하시기 위해 세상 안에서 창조적으로 활동하신다는 사실에 주목해야 한다. 식별이란 한편으로는 하느님께서 우리가 체험할 수 있는 바와 같이 이 세상에 현존하시고 활동하신다는 점을 인정함으로써 가능하고, 다른 한편으로는 전반적으로 이 세상과 우리 안에는 하느님에 반하는 조직과 힘이 있으며, 이들은 하느님의 나라를 파괴하려는 경향성을 가지고 있다는 사실을 인정하는 데서 가능하다.

또한 그리스도교적 식별은 우리가 하느님의 은혜로운 초대의 수혜자라는 것을 깨우치는 것을 전제로 하고, 또 그것이 실제로 가능하다는 점이다. 하느님의 원의는 세계 전체의 복리를 위한 하느님의 왕국 곧 하느님의 다스림을 이룩하는 것이다. 이 목적을 위하여 하느님께서는 하느님과 우리 그리고 우리 상호 간의 동반자적 관계로 우리를 초대하신다. 우리 각자는 자신의 고유한 방법으로 하느님의 다스림이라는 복음을 증거하고, 이 하느님의 다스림이 실제로 일어나게끔 투쟁에 동참하도록 초대되었다. 그러므로 이 초대 역시 식별을 실천하는 배경의 한 부분이다. 우리는 이 초대에 응답하여 행하게 되는 크고 작은 선택들로 우리의 삶을 가꾸어 나간다. 그리스도교의 식별법은 우리가 살고 있는 환경 안에서 우리 앞에 놓여 있는 선택을 우리 자신이 하도록 허용하고, 하느님의 초대를 받아들이거나 거절하는 이 옵션들을 우리가 구별하도록 허용하는 것이다. 더 나아가 무엇보다도 하느님께서는 우리가 머나먼 길, 그 외로운 길의 종착지에 이르기를 바라는 단순한 하나의 목적지나 궁극의 목표만이 아니라는 것이다. 그보다는 오히려 하느님께서는 우리 여정의 항구한 동반자, 생명과 힘의 근원, 우리가 출발하는 '가정home'이라 할 수 있다.

그럼에도 그리스도교 식별에서는 하느님에 대해서 성경이나 우리의 경험이 반복적으로 확인시켜 주는 다른 사실들도 명심해야 한다. "내 생각은 너희 생각과 같지 않고 너희 길은 내 길과 같지 않다"(이사 55,8). 우리가 노력할 수는 있겠지만 우리가 하느님을 통제할 수는 없다. 하느님께서는 언제나 우리를 앞서가시고, 우리의 일반적인 사상이나 생각들, 계획과 가치들을 거꾸로 뒤집으신다. 하느님께서는 "통치자들을 왕좌에서 끌어내리시고 비천한 이들을 들어 높이셨"(루카 1,52)다. 이것은 하느님께서 놀라운 분이시고, 그 하느님께서 우리를 대하시는 이야기로서, 기대하지 않았던 것이다. 우리가 만약 하느님께서 우리 가까이 머물러 계시기를 바란다면, 하느님께서는 우리의 마음과 가슴을 더욱 활짝 열고 우리가 해야 하는 일들이 어떻게 되어야 하는지, 우리의 가치관이나 생각들을 교정하시며 불안함을 덜도록 성실히 우리를 초대하신다는 사실이다. 하느님께서 지속적으로 우리가 생각했던 것을 뛰어넘어 우리를 인도하신다는 사실은 색다르고 위대하며, 안전하고 새로운 어떤 것을 정착시키시는 것이다. 우리가 식별을 실행에 옮길 때 하느님께서 우리를 상대하시는 이 진수를 마음 안에 깊이 간직해야 한다. 식별 뒤에 있는 이 충동은 하느님의 사랑을 신뢰하고 사랑에 응답하는 갈망이다. 그러나 하느님의 지혜는 가끔 어리석어 보이기도 하나, 진정한 식별이 의미하는 것은 일반적인 현명함이나 상식을 넘어 예상할 수 없고 습관적이지 않은 하느님의 바보 같은 지혜로 빠져들 준비를 하는 것이다.

결론

이 책에서 지금까지 우리가 살펴본 것은 현재 교회 안에서 우리가 신자로서 그리스도를 따르며 살아가는 데 있어 왜 식별이 하나의 꼭 필요한 기술인가 하는 점이었다. 우리는 일반적인 용어로서 식별이란 무엇인가를 논의했고, 우리가 그 안에서 선택하게 되는 일상적인 배경이 되는 지구적, 사회적, 문화적, 교회와 종교적인 요인들을 살펴보았다. 이제 우리는 식별 그 자체의 과정을 좀 더 세밀히 살필 차례다.

3장

식별이란 무엇인가?

'식별識別, discernment'이란 용어를 대중적으로 사용하지만, 현재 어떤 그리스도교계에서는 남용하기도 한다. 언제나 그렇듯 단어의 남용은 그 의미를 오해할 소지가 있기에 늘 위험이 따른다. 그리스도교의 식별에 대해 이 책이 기술하고 있는 것은 기도에 열중하면서 모호하게 어떤 의사 결정을 하는 하나의 과정이 아니라는 것이다. 내가 이해하는 그리스도교의 식별이란 어떤 모임을 시작할 때 기도하기 위하여 잠시 멈추고 나서 통상적인 일을 시작하는 그런 것이 아니다. 뿐만이 아니라 식별이란 흔히들 이야기하는 것처럼 좋은 의도이기는 하지만, 선택하는 것에 대하여 망설이는 경향이 있는 사람들이 보다 빠르고 손쉽게 결정해야 할 때 직관적으로나 '단순한 상식'으로 이용할 수 있는 그런 손쉽고도 정교한 하나의 과정도 아니다. 건전한 식별은 일상의 상식적인 것들과는 다른 결론에 이르기도 한다. 왜냐하면 식별은 우리의 선택 방향과 형태를 제시하는 우리의 깊은 내면의 태도나 영감, 가치와 관계들이 표면으로 드러나도록 하는 것이기 때문이다. 식별은 우리 모임의 정상적인 업무나 결정들을 지배하는 기준이나 과정, 통상적인 가정假定들을 변동하거나 통제할 수 있도록 우리를 의문에 부칠 수 있다고 보는(꼭 그렇다고 여기는) 것이다. 더 나아가서 식별은 우리 자신만의 이익을 추구하기 위한 서로 간의 과장된 책략이나 가면을 인정하고 벗겨 내는 것을 의미하기도 한다. 그래서 앞의 두 장에서 그리스도교적 선택에 대한 일반적인 배경에 대해서 논의했기에, 이제 우리는 그리스도교 식별이 무엇인지 하는 문제를 본격적으로 논의할 때가 됐고, 여기에 대한 성서적 성찰이 그 단서를 제공하리라 본다.

성서적 통찰

성경에 나타나는 식별의 종합적인 연구는 모든 성경 본문 그 자체가 대상이라 할 수 있을 것이다. 이번 장에서 나의 목표는 식별의 실제에 있어서 다양한 측면을 드러내기 위해 도움이 되는 이미지들이나 성경의 몇몇 본문들을 간단히 소개하는 것이 될 것이다.

첫째, '삶의 선택'

신명기는 모세가 이스라엘 군중들에게 하느님과 맺은 계약의 조건에 대해서 세 차례 연설한 것을 서술한다. 모세는 세 번째 연설에서 아래와 같이 언급한다.

"보아라, 내가 오늘 너희 앞에 생명과 행복, 죽음과 불행을 내놓는다. [⋯] 주 너희 하느님을 사랑하며 그분의 길을 걸으면, [⋯] 너희가 살고 번성할 것이다. [⋯] 그러나 너희의 마음이 돌아서서 말을 듣지 않으면 [⋯] 너희는 반드시 멸망할 것이다. […] 나는 생명과 죽음, 축복과 저주를 너희 앞에 내놓았다. 너희와 너희 후손이 살려면 생명을 선택해야 한다. 또한 주 너희 하느님을 사랑해야 한다. […] 주님은 너희의 생명이시다. […] 너희가 오랫동안 살 수 있게 해 주실 분이시다"(신명 30,15-20 참조).

이것이 식별이 뭔지 그 핵심을 잘 말해 주고 있다. 그 전반적인 배경은 하느님과의 계약이다. 일상의 삶은 두 갈래의 길에서 지속적 선택을 하도록 물음을 제기한다. 하나는 하느님의 사랑 안에 있는 충만한 삶에로 인도하는 길이고, 다른 하나는 궁극적으로 파괴와 파멸로 가는 길이다. 식별은 이 두 갈래의 길, 두 가지의 삶의 방식을 분별할 수 있는 일상적인 삶의 환경을 변화시키는 능력으로, 삶에 대한 선택이다. "너희와 너희 후손이 살려면 생명을 선택해야 한다. 또한 주 너희 하느님을 사랑해야 한다"(신명 30,19-20 참조). 식별은 충만하고 진실되게 인간의 삶을 살게 하는 능력이다.

둘째, '주님의 말씀을 듣다'

주님 말씀의 은유는 식별이 무엇인지 그 본질을 잘 표현한다. '하느님의 말씀이 내게로 오셔서 말씀하신다'라는 표현은 성서적 예언들 가운데 호감이 가는 이미지이다. 하느님의 말씀은 창조적이고 힘이 있으며, 깨우치고 결실을 이루며 생명을 주신다(이사 55,10-11 참조). 그 예언자의 임무와 은총은 '제자로서 듣는 귀를 갖게 하여'(이사 50,4-5 참조), 어떠한 상황에서도 하느님께서 말씀하시면 듣고, 거짓으로 가장된 말씀과 진짜 하느님의 말씀을 현명하게 분별해 내며, 하느님의 말씀이라는 렌즈를 통해서 일상의 환경을 읽고, 말씀에 따라 행동하라고 그 말씀을 상기시키는 것이다. 주님의 말씀을 듣지 않거나 들을 수 없다는 것은 스스로 생명의 근원과 선, 창의성과 지혜를 스스로 빼앗는 것이다. 더 나아가서 예언자는 하느님 말씀을 성경에서 듣기도 하지만 역사적 사건들 곧 '시대의 징표'를 통해서도 듣는다. 그렇다면 식별이란 자기의 삶이 하느님 말씀에 따라서 인도되고 형성되도록 하는 능력이요, 하느님의 말씀을 따라 공동체의 조직을 형성하고 삶을 인도하도록 적절한 역할을 할 수 있게 하는 능력이라 하겠다.

셋째, 지혜

여기서 유대인들의 지혜에 대한 복잡한 이미지들을 모두 다 탐구한다는 것은 불가능하다. 그러나 이 이미지들에 대한 몇몇 부분들은 식별과 관계된 지혜의 풍부함을 명확하게 알아보는 데 도움이 된다.

지혜는 성서적 전통들 속에서 한 여인으로 의인화되어 있다. 지혜는 천상의 존재(잠언 8,22-31 참조), 하느님의 여성적 얼굴, 하느님의 첫 창조물, '땅이 생기기 전에' 태어났다(잠언 8,23 참조). 지혜는 하느님께서 세상을 창조하시고 창조의 질서를 세우실 때 '장인'으로 존재했고(잠언 8,27-31 참조), "날마다 그분께 즐거움이었고 언제나 그분 앞에서 뛰놀았다"(잠언 8,30). 또 다른 표현에 의하면 "지혜는 하느님 권능의 숨결이고 전능하신 분의 영광의 순전한 발산이어서 [⋯] 영원한 빛의 광채이고 하느님께서 하시는 활동의 티 없는 거울이며 하느님 선하심의 모상이다"(지혜 7,25-26). 결국 지혜는 바람직한 모든 것의 요약, 곧 아름다움, 창조, 풍요, 세상과 인간 삶과의 일치와 바른 질서 등 첫 번째로 하느님께 속한 모든 가능성이다.

잠언의 다른 부분에서는 지혜의 이 여인이 자신을 하느님의 선물로 내놓고 자기의 말을 들으면 생명을 얻게 되고 축복을 약속한다고 하느님의 백성에게 말한다. 지혜서의 다른 부분에서도 역시 지혜는 사람들이 붐비는 성문이나 저잣거리에서 지혜의 축복과 아름다움을 수용하거나 받아들이라고 명령한다(잠언 8-9장; 지혜 6,12-21 참조). 이 아름다운 여인의 용모가 사랑과 청혼을 불러일으킨다는 것은 당연하다. 솔로몬은 말한다. "나는 지혜를 사랑하여 젊을 때부터 찾았으며 그를 아내로 맞아들이려고 애를 썼다. 나는 그 아름다움 때문에 사랑에 빠졌다. […] 그래서 나는 지혜를 맞아들여 함께 살기로 작정하였다. 지혜가 나에게 좋은 조언자가 되고 근심스럽고 슬플 때에는 격려가 됨을 알았기 때문이다"(지혜 8,2.9).

이들 유다 경전의 지혜문학에서 발견되는 지혜에 대한 설명은 내가 이 책에서 '식별'이라는 단어로 말하고자 하는 모두를 포괄하고 있다. 이 지혜는 다양한 차원을 가지고 있다. 기본적으로 식별은 하느님의 의향을 파악하는 재능이고, 자신의 힘으로 이 의향들을 반영할 수 있는 재능이다. 이것은 하느님의 계획이나 원의에 따라서 개인의 삶에서나 공동체 생활을 설정하거나 조직하도록 돕는 데 있어 하느님과 올바른 관계 안에서 살게 하는 실천적인 기술이다. 이것은 선택이나 판단할 때 어떤 것이 악이고 파멸인가 혹은 어떤 것이 선이고 생산적인가를 분별하는 능력이다. 이 지혜의 재능을 가진 사람들은 어리석음을 피하고 어떠한 상황에서도 선을 추구한다. 이 바탕에는 우주를 다스리시고 보전하시는 하느님의 지혜를 공유한다는 신념이 있는 것이다.

하느님의 말씀과 지혜라는 이 두 은유는 신약성경에서

도 찾아볼 수 있다. "하느님의 말씀을 듣고 지키는 이들이 오히려 행복하다."(루카 11,28)는 성경의 언급은 "하느님의 말씀"을 외치는 예언자들과 같은 맥락이다. 그리고 제4 복음서의 서문에는, 태초부터 하느님과 함께 계셨던 그 말씀을 통해서 모든 것이 생겨났고, 육을 취하셔서 우리와 함께 계시는(요한 1,1-18 참조) 그 말씀(로고스)이 지혜이신 하느님의 새로운 계시로서, 예수 그리스도의 생애와 죽음과 부활로써 드러난다. 결과적으로 유대교의 배경과 구별되는 그리스도교에서는 예수님은 아주 새롭고도 특별하게 하느님의 말씀과 지혜를 취하신 분으로 드러나기에, 그분의 성령은 그리스도인의 의사 결정 과정을 고무하실 뿐만 아니라 식별에 있어서 원칙적인 규범이 되신다.

넷째, 하느님의 다스림

공관복음서의 특징인, 하느님의 다스림(하느님 나라)에 대한 신약성경의 이미지는 그리스도교의 식별이 무엇인지 밝히는 데 도움이 된다. 하느님 나라는 영토를 뜻하지 않기에 하느님 '나라'라는 표현보다 하느님의 '다스림reign'이라는 표현을 즐겨 쓴다. 기본적으로 하느님의 다스림은 개인적으로나 공동체적으로 살아가는 방식을 말한다. 우리 삶의 모든 차원에서 하느님이 중심이 되도록 하는 것이다. 그래서 하느님의 나라에 든다는 것은 하느님의 사랑에 신뢰를 두는 것을 말한다. 하느님의 이끄심에 마음을 열고, 우리의 행위와 선택을 이끌어 주시고 인도해 주시도록 하느님을 바라보며, 개인으로나 교회나 사회의 한 구성원으로서 하느님께서 우리에게 보여 주신 그 사랑에 점점 더 사랑으로 응답하도록 우리의 삶을 가꾸어 가는 것이다. 하느님의 다스림 안에 산다는 것은 매일의 삶에서 '당신의 뜻이 이루어지도록' 살아가는 것이다.

아마도 하느님의 다스림을 단지 개인의 일이라고 여긴다면 잘못일 것이다. 만약 우리가 하느님께서 우리 삶의 모든 부문을 다스리시도록 진심으로 허용한다면, 우리는 우리 자신의 태도, 사언 행위, 개인적인 관계들뿐 아니라 하느님의 사랑과 정의를 반영하도록 사회적인 구조, 시스템이나 제도들에도 관심을 가지게 된다. 그렇게 되면 하느님께서 우리 개인의 삶이나 다른 사람들과 연대를 이루고 공동체를 이루고 살아가는 체제나 제도들을 다스리신다고 말할 수 있을 것이다. 식별은 하느님의 다스림이 단지 꿈으로 끝나지 않고 실행될 수 있게끔 하는 재능들 중의 하나다.[3]

다섯째, 성 바오로

이 장의 첫머리에서 그리스도교의 식별에 있어서 예수

님의 강생과 생애 그리고 죽음과 부활이 아주 중요한 역할을 한다는 점에 대해서 살펴보았다. 거기에는 그리스도교적 선택에 있어서 예수님께서 길잡이와 규범이 되신다는 이해가 깔려 있다. 이 점은 자연스럽게 그리스도인의 삶에 있어서 예수님의 위상에 대한 사도 바오로의 이해로 우리를 이끈다. 그에 앞서 우리는 인간에 대한 사도 바오로의 견해를 보아야 한다.

무엇보다도 우선 바오로는 인간을 통합체로 파악한다. 이 통합체는 몇몇 서로 다른 차원을 가진 일체를 말한다. 바오로의 견해는 우리의 논의에 있어서 아주 중요한 것으로, 이 인간은 궁극적으로 서로가 상반되면서도 또 우리들 각자에게서 떼려야 뗄 수 없는 결합으로 서로 엉겨 있는 두 원리 혹은 차원으로 구성되어 있다. 그는 이것을 '영'과 '육'이라 부른다. 이런 면에서 '영'은 인간이 하느님께 열려 있고, 하느님의 영과 결합해서 살아갈 수 있으며 우리의 삶을 인도하시는 하느님의 가치를 추구한다는 의미에서 전인全人이라 할 수 있다. 반면에 '육'은 연약한 인간 전체를 묘사하는 것으로, 하느님과 떨어지거나 반대하며 살아가고, 또는 우상을 설치하거나 섬기며 하느님을 싫어하는 가치에 현혹되어서 살아가는 것을 말한다. 영으로서 인간은 하느님께서 원하시는 피조물로서 재창조

되는 '새로운 창조'로 변형될 수 있는 능력을 가진다. 반면에 육으로서의 인간은 하느님께서 원하시는 목적으로부터 멀어져 거짓된 자신과 죄라는 좁은 범위에 감금되기 쉽다. 그렇다면 사도 바오로에게 있어서 각 개개인은 하나이면서 '영'이요 '육'이며, 영광을 받을 수도 있고 파괴될 수도 있는 연약한 피조물이다.

그러므로 신자인 우리는 일상의 삶에서 두 가지의 길 중 한 가지를 선택해야 한다. 한 가지 옵션은 '육에 따른 삶'으로서, 갈라티아인들에게 보낸 편지에서 언급한 삶의 형태들이다(갈라 5,19-21 참조). 다른 한 옵션은 '성령에 따른 삶'(갈라 5,18; 로마 8,1-17 참조)이다. 성령에 따른 삶은 육에 따른 삶과는 서로 반대다. "성령의 열매는 사랑, 기쁨, 평화, 인내, 호의, 선의, 성실, 온유, 절제입니다"(갈라 5,22). 그러므로 우리가 해야 할 일은 매일 우리가 경험하는 모순되는 갈망들과 매혹적인 것들 가운데 '육에 따른 삶'과 '영에 따른 삶'을 분별하여 그에 따른 삶을 추구하는 것이다. 이것이 식별의 재능이다.

이제 좀 더 깊이 들어가서 그리스도의 인격이 어떻게 이 '식별'에 있어서 중심을 차지하는지 살펴보자. 로마서, 코린토서, 에페소서와 다른 서간들에서 바오로는 성령을 따라 사는 삶에 대하여 소개받은 예수님의 제자로서 어떻게 살아야만 하는지 자세하게 언급하면서 그 문제점들을 자주 지적하고 있다. 우리의 이 논의에 있어서 이 구절들이 대단히 중요한 것은 반성의 과정에 있는 내용들이 아니라 그들이 밝혀 주는 것, 곧 바오로의 '식별'에 대한 이해다. 잘 알려진 바와 같이 이 도덕적인 권고에서 바오로는 예수님을 따르는 사람들이 어떻게 자신들을 다스려야 하는지 보여 주기 위해서 예수님 자신의 실제적인 가르침을 거의 인용하지 않는다. 이것은 예수님의 가르침이 중요하지 않다는 것이 아니라, 바오로는 다른 방법으로 이 문제에 접근하는 것이다.

바오로는 자신의 방식으로 있는 그대로 나란히 두 사실을 언급한다. 한편으로는 로마, 코린토, 에페소, 필리피 등 어디든 그곳의 현재 (문제) 상황이고, 다른 편으로는 예수님의 육화, 생애, 죽음과 부활이다. 그는 이 두 가지 점에 나란히 초점을 맞추어 따져 본다. 그리스도인의 행동과 예수님의 생애와 죽음과 부활에 따른 의미를, 화목과 불화, 동일성과 모순점을 서로 대조하며 두 입장을 반성함으로써 밝힌다(로마 5-7장; 1코린 1-2장; 8장; 11장; 2코린 8-9장; 갈라 2-5장; 에페 1-2장; 5-6장; 필리 2-3장; 콜로 1-3장; 티토 2,11-15 참조). 이 반성의 과정에서 그리스도의 강생과 삶, 죽음과 부활은 두 가지의 효과를 낸다. 이 예수님의 사건은 로마와 코린토에 사는 그리스도인들의 삶이 어떻게 '육'에 따르는 행위이고 파멸적인지, 그리고 그들이 살고 있는 특별한 상황에서 살고 있는 편지를 받는 사람들의 진실한 삶과 성향과 태도가 무엇이고 또 어떻게 되어야 하는지를 지적한다. 그러므로 바오로에게 있어서 '그리스도의 신비'는 특정한 사회와 정치적 종교적 배경 하에 살고 있는 특정한 집단의 사람들에게 무엇이 진실한 제자로서의 삶인지를 밝히는 열쇠 역할을 한다. 혹은 달리 설명한다면, 그리스도의 전체 신비가 바오로나 다른 신자들에게 렌즈 역할을 하는 것이다. 이 렌즈를 통하여 그들 자신의 상황 안에서 어떤 것이 영에 따르는 삶이고 어떤 것이 육에 따르는 삶이며 성령의 인도하심에 따르는 것인지 보다 분명히 분별하게 한다. 이렇게 바오로와 동료 그리스도인들은 '그리스도의 마음을 간직한다'(필리 2,5-11 참조).

바오로에 대한 언급을 마치기 전에 한 가지 더 언급을 해보자. 식별이라는 맥락에서 볼 때 예수님의 십자가와 부활이라는 파스카 신비는 바오로에게 있어서 특별한 자리를 차지한다. 이것은 우리를 그리스도교 신앙의 역설적이요 핵심적 신비로 이끈다. 십자가는 모순의 표지다. 이것은 '하느님의 어리석음'인 동시에 하느님의 '지혜', '오란 세월 동안 감추어 두셨던 하느님의 오묘한 계획의 계시'다(로마 16,25; 콜로 1,26 참조). 그러므로 바오로의 생각에 의하면 하느님 사랑의 극치인 십자가는 진정한 제자가 되는 실제적인 시금석이 된다. 예수님을 따르는 자들의 삶이 어떤 식으로든 예수님의 십자가를 반영한다면 그들은 진정한 제자가 된다. 역으로 예수님의 십자가는 무엇보다도 그리스도인들이 진정으로 제자가 되는 길을 지시하는 것이다.

이렇게 바오로가 성찰한 방식은 그리스도교 식별의 기본적인 형태를 잘 말해 주고 있다. 우리는 쌍방에 초점을 맞추는 것이 필요하다. 한편으로는 우리 자신의 세계나 환경이고, 다른 편으로는 예수 그리스도의 상생, 생애, 죽음과 부활의 신비다. 십자가의 어리석음과 부활의 신비로 요약되는 그리스도의 전 신비는 우리가 삶의 자리에서 무엇이 진정한 그리스도인의 사도 직분을 수행하는 길인지를 찾게 하는 방법인 '하느님의 지혜'라는 선물을 제공한다.

이러한 성서적 통찰들이나 이미지들의 많지 않은 모음은 식별이라는 주제에 대하여 성경이 제공해 주는 단편들에 불과하다. 요한의 작품에 있어서 빛과 어둠의 상징들,

예수님 자신의 사명을 수행함에 몸소 실천하신 자신의 식별에 대한 성서적 언급, 요한의 편지에 있어서 '악령들의 시험'의 의미나 묵시록에 나오는 '성령께서 교회들에 말씀하시는 것' 등 아직 언급하지 않았거나 탐구해야 할 관련된 성서적 이미지들이나 본문들이 많이 있다. 하여간 그리스도교적 식별의 요인들에 대한 전반적인 밑그림을 제공한다는 의미에서 우리의 논의는 충분하다고 본다.

선택

우리의 선택[4]은 우리의 삶에 대한 응답으로서, 이것을 가질 것인가 저것을 받아들일 것인가, 이것을 놔둘 것인가 저것을 붙잡을 것인가, 저것보다는 이것을 행할 것인가 등의 옵션 중에서 선호하는 선택을 위해 하나를 생략하거나 거절하는 것이다. 이 선택으로 우리는 삶을 만드는 것이며, 우리의 삶은 삶의 자리라는 제한된 환경 속에서 우리가 선택한 옵션들의 종류를 담고 있는 것이다.

선택은 미끄러지는 저울 위에서 삶의 진지함을 다는 것과 같기에, 선택해야 할 사항의 무게를 단다는 것은 자명한 것이다. 저울의 한쪽 끝은 일상적으로 우리가 아무런 생각 없이 저절로 하는 아주 사소한 결정들이다. 풍족한 사회의 건강한 사람들에게는 아침 식사로 곡물의 섭취 여부는 비교적 사소한 문제다. 그럼에도 몇몇 일상의 문제들 중에는 심각한 문제들도 있다. 직장 동료를 어떻게 다룰 것인가, 아이들을 어떻게 디스코 클럽에서 일찍 귀가시킬 것인가, 공동체와 얼마간의 시간을 보낼 것인가 하는 문제들은 타인들에게는 관심이 없을지 모르나 자신에게는 중대한 문제라 할 수 있다.

또 다른 선택이라는 스펙트럼의 한쪽 끝에는 우리에게 아주 중요한 삶의 치명적인 순간이나 삶의 방향이나 형태를 결정하는 전환점이 될 수 있는, 심각하게 '완전히 변형'해야 하는 선택들이 놓여 있다. 이것은 마치 한 옵션을 선택하는 순간 좋든 싫든 간에 우리의 인생 전반을 한손에 움켜쥐고서 새로운 투신을 해야만 하는 것이다. 이런 중요한 계기로는 직업, 경력, 성소, 생활 방식, 결혼, 특정한 사람과 결혼하는 문제, 독신의 선택, 이혼 결정, 세례를 받거나 냉담을 해소하는 문제 등등이다. 아마 대부분은 일생을 통하여 이들 선택을 아주 드물게 할 것이고 적당한 시간과 노력을 들이게 된다.

우리는 종종 그리스도교 식별은 우리가 아주 특별한 경우에만 하게 되는 조심스럽고 신심 깊은 성찰의 한 과정만을 의미한다고 생각한다. '우리는 지금 중요한 시점에 와 있고 우리 인생의 다음 단계를 식별했다고 생각한다', '식별은 내 인생에 무엇을 해야 할 것인지를 결정하는 데 도움이 되었다', '우리는 성모학교의 미래를 결정해야만 했고 그래서 식별하게 되었다', '나는 사목의 변화가 필요했고 그 방향을 변경했으며, 그래서 식별의 과정을 밟았다'.

그러나 내가 이해하는 그리스도교적 식별은 이런 중요한 시점에만 국한되는 것은 아니다. 이것은 하느님 아버지의 아들딸로서, 예수 그리스도의 형제자매로서 성령의 능력 안에서 활동하는 것이다. 성부와 성자와 성령과 맺는 관계는 예수님의 제자로서 매일매일 살아가는 배경을 이룬다. 이것은 일상과 따로 분리된 어떤 구획이 아니라 모든 것을 지탱하는 바탕이다. 이 바탕은 일생의 삶과 모든 것을 뿌리내리고 성장하고 형성하는 기본이 되는 관계다. 그러므로 그리스도인의 식별은 하느님 아버지의 아들딸로서, 예수 그리스도의 형제자매로서 이 기본적인 사실 안에서 살아가는 것이므로, 실제로 크든 작든 우리의 모든 결정을 형성하고 색깔을 입히며 지배하는 것이다.

당연히 사도직을 충실히 수행하는 정도는 우리가 선택을 신중하게 하는 다양한 선택의 정도에 달려 있다고 보아야 한다. 하느님과의 충실한 관계는 내가 점심으로 무엇으로 먹을까 하는 사소한 것에도 영향을 끼친다. 사실 이것은 어떻게 가족들과 동료들을 대할 것인가 혹은 음식이나 술을 과하게 먹을지 안 먹을지에 관한 사안에도 큰 차이를 가져오는 것이다. 식별이 모든 결정들을 똑같은 비중으로 다루지 않는다는 것도 명백하다. 사실 '식별의 기술'의 한 부분은 거짓된 가치로부터 진실한 가치를 가려내는 데 있고, 언덕을 산으로 오인하지 않고 산을 언덕으로 오인하지 않게 하는 데도 있다. 내가 하느님 아버지의 아들딸로서, 예수 그리스도의 형제자매로서 성령 안에서 살려고 노력한다면, 그리고 이러한 기본적인 관계를 의식적으로 이해하고 받아들인다면 나의 무의식적인 결정들까지도 그들에 의해서 점진적으로 형성되도록 내 안으로부터 어떤 영향을 나에게 끼치기 시작할 것이다. 왜냐하면 매일을 하느님과 더불어 살아가는 사람들에게는 내 안의 리듬이 모든 춤을 이끌어 갈 것이기 때문이다.

그러므로 매일 하느님과의 충실한 관계를 유지하는 것은 건전한 식별을 위한 전제 조건이 된다. 그러니까 하느님과 아무런 관계도 없이 어떤 절차만을 따라서 글자 그대로 진공 상태에서 식별해 보겠다는 것은 식별이 무엇인지 잘못 이해하는 것이고 또 불가능하다. 이것은 중요한

결정을 해야 할 때 DIY Do it yourself 매뉴얼이나 요리책을
사용하는 것처럼 그저 따라 하기만 하면 되는 그런 것이
아니다. 그런 것은 식별을 자동 기계쯤으로 만드는 것이
다. 특히 조심스럽게 성찰해야 하는 중요한 결정을 앞둔
그리스도인의 식별은 물론 어떤 과정을 밟아야 하겠지만,
제시된 안내만 충실히 따르기만 한다면 어떠한 배경하에
서도 저절로 올바른 결정을 산출해 내는 그런 것이 아니
다. 중요한 선택에 따르는 식별의 과정은 복음에 제시된
하느님 성령의 인도하심과 움직임에 자신을 열고 기민하
게 대처함이 일상적인 삶이 되어야 한다. 하루의 일과 안
에서 성령에 충실함은 대단히 중요한 결정이 열매 맺게
되는 중요한 디딤돌이 되는 것이다.

식별의 요소들

여기서는 그리스도교 식별의 특이점들을 간단히 요약
해 본다. 앞으로 상세히 전개할 설명을 대충 짚어 보는
것이다.

일반적 배경

지금까지 우리는 앞의 두 장에서 두 가지 다른 전망 아
래서 식별이 이루어지는 배경인 지구촌, 사회와 문화, 종
교와 교회, 개인의 일반적인 현상에 대해서 살펴보았다.

우리가 하는 선택과 우리가 살고 있는 광범위한 배경 사이에는 지속적인 상호 작용과 관련이 있음이 드러났다.

더구나 이번 장의 시초부터 명확하게 드러난 사실에 의하면, 식별이 이루어지는 두 가지 중요한 경우가 있다는 점이다. 말하자면 통상적인 일상의 삶과 더불어 미래의 삶에 대한 새로운 방향과 형태를 설정하게 하는 중요한 경우들을 직면하게 된다는 점이다. 통상적인 일상의 식별은 기도 생활을 규칙적으로 지속하면서 성령의 인도와 그 인도를 따르는지를 살피기 위해서 일상의 사건들에 대하여 규칙적으로 성찰하는 것이다. 그리고 중요한 결정에 대해서 신중히 식별하는 것은 결정 자체의 중대함에 맞도록 긴 안목으로 면밀하게 조직된 하나의 과정이 있어야만 한다. 어떻든 두 경우 모두 식별의 요소들은 같다. 앞서 언급한 것과 같이 일상적인 식별은 중대한 선택을 하는 특별한 식별을 하는데 필요한 하나의 기반이 되고 지원이 된다. 만약에 내가 일상의 식별에 훈련이 되어 있지 못하다면 중요한 경우에 실수할 수도 있기 때문이다.

더 직접적인 배경

현재 식별의 기초가 되는 것은 과거 하느님의 사랑과 현존을 인지하고 자각하는 것이다. 말하자면 우리가 소속된 신앙 공동체의 역사와 개인의 내력이다(본서 2장 참조).

식별은 과거뿐만이 아니라 현재 우리의 경험 안에 하느님께서 현존하심을 자각하는 훈련과도 관련이 있다. 이것은 우리가 살고 있는 좁은 개인적인 세계와 일반적인 세계 모두에서 하느님의 안배와 현존을 인지하는 것을 말한다. 또한 다음과 같은 물음에 대한 규칙적인 기도와 반성이 필요하다. '나는 오늘/이번 주/지난달 어디서 하느님을 만났나?', '하느님께서는 나를 둘러싸고 있는 세계와 개인적인 사건들 안에서 나를 어디서 만나시고 어디로 인도하시는가?', '나는 지금 상황에서 하느님으로부터 외면당하거나 혹은 어디로 버려져 있다고 느끼고 있는 것은 아닌가?'

그래서 건강한 식별을 위해서는 마땅히 신뢰하려는 태도와 자유에 대한 실질적인 대책이 필요하다. 여기서 신뢰는 은혜로우신 하느님께서 올바른 선택을 갖게 하실 수 있고, 또 하실 거라는 점이고, 충분한 자유에 대한 대책은 선택을 자유로울 뿐 아니라 정직하게 할 수 있으며, 어떤 결론이 나든 그것을 받아들일 수 있게 한다는 의미다.

진행 과정의 구성 요소

여기서 의도하는 것은 특정한 식별의 과정을 하나하나 설명하려는 것이 아니라 그보다는 그러한 과정의 핵심들을 간략하게 지적하려는 것이다.

첫째, 철저한 기도

좋은 식별을 위해서는 규칙적이고도 철저한 기도 생활이 필요하고, 그렇게 할 수 있는 분위기와 환경이 요구된다. 그런 환경과 과정 안에서 우리는 각자가 처한 형편에 따라 계시로써 말씀하시는 성령의 음성에 귀를 기울이게 된다.

둘째, 적절한 정보

어떠한 의사 결정에서도 선택과 연관된 충분한 정보를 가진다는 것은 필수적이다.

셋째, 하느님께 대한 정서적인 응답에 대한 성찰

이 과정은 특별히 하느님의 계시에 직간접적으로 응답하기 위해서 우리가 경험하는 감정이나 갈망에 대한 성찰과 해석 그리고 주의에 관한 것이다(본서 4장 참조).

넷째, 이유에 대한 판단

선택을 에워싸고 있는 상황에 대한 가능한 모든 정보가 제공되었다면, 각각의 선택을 판단해야 하는데 이것은 식별의 과정에 있어서 필수적인 부분이다(본서 6장 참조).

다섯째, 확정

충분히 예상할 수 있는 것으로, 결정하고 나면 어떤 형태로든 그 결정을 확정할 것인가 반대할 것인가를 재고하면서 불안감이나 필요성 등을 경험하게 된다.

그래서 그리스도인의 식별이란 중요하든 일상이든 간에 여러 가지 서로 상반된 문제 중에서 아래 사항들을 차례로 감별해 내는 물음이다. 어떤 선택이 채택되어야 할 옵션과 상황, 옵션이나 상황을 두고 하느님께 기도하면서 일게 되는 감정이나 생각들, 특히 예수님의 생애와 죽음과 부활 안에 주어진 하느님의 계시, 이 과정 안에서 그리스도의 신비와 우리의 삶 사이의 조화나 부조화를 점차로 의식하게 되고, 그리고 이들 의식이 우리가 하게 되는 선택의 규범이나 안내를 담당해 주는 것이다.

식별과 하느님의 뜻

흔히들 식별은 우리가 중요한 선택을 할 때 일상의 기

도 생활 중에 하느님의 뜻을 찾는 것이라고들 한다. 맞는 말이다. 그러기에 '하느님의 뜻'이 진정으로 무엇을 의미하는지, 우리 마음에 무엇을 불러일으키는지 이해하는 것이 중요하다. 왜냐하면 가끔 우리가 이해를 잘못 해서 실제와는 다른 기대를 불러일으키기 때문이다.

식별이라는 관점에서 본다면 하느님의 뜻에 대하여 생각하는 어떤 모델이나 어떤 방식은 별로 도움이 되지 않는다. 이것은 마치 과거와 현재 그리고 다가올 미래의 우주나 인간 역사 전체는 무한정으로 복잡하고 상상할 수 없을 정도로 복잡미묘한 연극과 같기 때문이다. 그래서 하느님께서 연극의 각본을 미리 쓰시고 감독하시고, 우리는 주어진 임무를 발견하여 각본을 익히고 순간마다 나소간 하느님의 세부적인 지시를 따라서 이를 공연하는 것이 되고 마는 것이다. 이러한 하느님의 뜻에 대한 이미지를 갖는다면 식별은 단지 하느님께서 배치하신 그 역할을 찾는 것이고, 그 역에 정교하게 맞추어 우리의 삶을 연기하는 것에 불과하게 된다.

이런 생각의 강점은 사람들이 하느님의 위대하신 연극에 맞는 자신의 역할을 찾았다고 믿을 때 안정감과 올바른 역할을 맡았다고 느낀다는 점이다. 그렇다고 해도 이것은 하느님의 뜻을 이해하는데 만족스러운 방법이 될 수 없을 뿐만 아니라, 도움이 되지도 않는다는 몇 가지 이유가 있다. 원칙적으로 이것은 인간의 자유를 너무 제한적으로 생각한다는 점이다. 삶을 은혜로운 선물이라고 생각하기보다는, 특별한 방법으로 연기해야 할 임무로 보는 경향이고, 이론의 여지가 없이 가장 귀중한 선물인 인간의 자유를 단지 하느님의 지시에 따라서 의무적으로 연기해야 하는 것쯤으로 제한하는 것이며, 하느님의 계획에 세부적으로 따르는 것이 되고 만다. 더욱이 이 '연기'한다는 이미지는, 이것을 우리가 명시적으로 믿든지 말든지 어린 시절 교육이 심어 준 무의식적인 이미지에 의한 것이든 간에 큰 걱정거리가 될 소지가 있는데, 이는 거짓된 기대를 불러일으킬 수가 있기 때문이다. 위대한 연극 안에 '하느님께서 지금 우리가 행하기를 바라시는 역할'이 식별의 과정 안에서 계시될 것이라는 무의식적인 상상의 기대가 일어날 수가 있는 것이다. '하느님의 연극에서 나의 역할이 성 루카 가톨릭 학교에서 공부하는 것일까, 아니면 브릭스톤Brixston에서 직업을 구하는 것일까?' 식별의 전 과정 중에 이 기대하던 계시가 일어나지 않는다면 걱정, 혼돈, 낙담이나 환멸 등이 잇달아 일어날 수가 있다. 열정적인 노력을 한다고 해도 결국은 하느님께서 원하시는 그 무엇을 알 수가 없게 되고 만다.

하여간 성경이 계시하는 하느님께서는 동료의 온갖 몸짓이나 움직임을 지시나 하는 거만하고 옹졸한 감독이 아니며, 백성이 좋아하든 싫어하든 관계치 않고 그의 뜻을 백성들에게 강요하는 폭군도 아니다. 하느님께서는 아들딸을 가진 부모들처럼 우리를 대하시고 서로를 위하는 친구처럼 우리를 대하신다. 하느님께서는 세상과 우리를 위해 희망하시고, 필요한 것은 무엇이나 이루어 주시고자 하신다. 우리의 진정한 목적과 행복은 모든 이들이 하느님께서 의도하신 자기의 삶의 목적을 달성할 수 있는 그러한 세계를 만드는데 협력하는 것이다.

그래서 식별이라는 관점에서 본다면 우리를 해방하시는 것이 아니라 우리를 제약하고 가혹하게 다루시는 것처럼 보일 수 있는 하느님의 뜻보다는, 우리를 위한 하느님의 의도나 희망에 대해서 말하는 것이 훨씬 더 유익하다. 여기가 하느님의 의도나 희망을 설명하는 자리는 아니지만, 그것들은 이미 여러 가지 방법으로 우리에게 계시되어 왔다. 만약 우리가 볼 수 있는 눈이 있다면, 우리는 창조물을 통하여 우리를 둘러싸고 있고 우리 안에 전개되는 삶을 통하여, 하느님으로부터 우리 각자가 받은 은사를 통하여 하느님의 뜻을 감지할 수가 있다. 더구나 하느님의 말씀은 하느님의 희망과 의도가 더욱 잘 드러나는 곳이다. 특히 예수 그리스도의 생애와 가르침, 죽음과 부활은 진정으로 인간이 무엇이고, 하느님께서 사랑 안에서 우리가 무엇이 되기를 바라시는지 잘 요약해 주고 있다.

하느님의 뜻을 발견하는 열쇠는 우리가 자유라는 선물을 어떻게 사용하느냐에 달려 있다. 식별을 두고 본다면, 하느님께서는 당신의 의도와 희망을 이루도록 우리에게 짐을 지우시는 분이 아니라, 그것들을 실현할 수 있도록 하느님과 우리가 서로 협력하도록 은혜롭게 초대하신다는 것을 상기해야 한다는 점이다. 우리의 진정한 자유는 이 초대에 얼마나 잘 호응하느냐에 달려 있다. 이 초대는 개인적으로나 집단적으로 하느님과 협력하여 현재와 미래에 하느님께서 원하시는 세상을 만들어 가도록 한다. 그러므로 식별이란 실용적인 선택을 하는 어떤 방법 이상의 것이다. 식별은 하느님과 협력하여 선택함으로써 우리와 세계를 위한 하느님의 너그러우신 원의와 희망을 달성하도록 하는 하나의 체계라 할 수 있다.

그래서 음악과 춤은 아마도 '하느님의 뜻을 식별'한다는 것이 무엇을 뜻하는지 그 이미지를 잘 그려 준다. 우리는 성령의 음악을 창조물과, 세상과 우리의 삶 안에 전개되는 자신의 은사를 통하여, 그리고 하느님의 말씀을 통하여 듣는다. 하느님의 은혜로운 초대로 우리는 그 리듬에 따라 춤을 추는 것이다. 그 음악이 말하듯이 예수님은 '춤의 제왕'이시다. 진정한 자유와 식별이 의미하는 것은 우리의 시선을 예수님께 고정하고, 혼자가 아닌 모두 함께, 성령의 리듬에 맞추어, 우리 자신의 몸짓과 춤사위를 창조하는 것이다. 그 음악을 진정으로 들을 수 있는 사람은 그들 자신만의 손짓과 발짓으로 자유롭고 조화롭게 춤사위를 창조할 수 있으며 모두 함께 춤을 추게 된다.

순례의 동반자

식별은 잘 훈련된 믿을 만한 '영혼의 친구', '순례의 동반자' 아니면 '영적 지도자'의 도움이 필요하다는 것도 사실이다. 이분들의 원칙적인 역할은 신앙의 여정에 동료 신앙인으로서 동반함으로써 삶의 자리에서 성령의 인도하심을 찾게 하는 것이다. 이렇게 우선적으로 사람들이 식별을 실행하도록 고무하여 그리스도인이 사도직을 통하여 성장하게 돕는다. [5]

4장

영적 위안과 영적 고독

식별은 앞에서 언급한 바와 같이, 우리가 하느님과 끊임없이 기도로 소통한다는 것을 전제하고 두 가지 성찰 과정을 갖는 것이다. 한 가지 성찰은 세상과 하느님에 대한 우리의 정서적인 반응에 대한 숙고와 해석이고, 다른 하나는 선택할 때에 만나게 되는 각각의 옵션에 대한 찬성이나 반대에 대하여 그 이유들과 주장들을 조심스럽게 견주어 보는 것이다. 이번 장과 다음 장에서는 첫 번째 과정을 탐구하겠고, 6장에서는 두 번째 과정에 대해서 충분히 다루어 보겠다.

정서와 이성

우리는 성 바오로를 이야기하며 이미 인간이란 기본적으로 하나의 통합체임을 강조해야 할 이유를 알아보았다. 인간은 분명히 복합체요 다차원적 개체로서 여러 가지 특성이 결합되어 외부 세계와 관계를 맺고 있다. 그러나 여전히 기본적으로는 하나의 단일한 완전체이다. 물론 이 통합체로부터 여러 다양한 차원들을 구별해 낼 수가 있지만, 지금 식별을 논하는 이 단계에서는 특별히 정서와 이성이라는 두 가지 차원에 관심을 둔다. 사람들이 하느님과 외부 세상에 대하여 감정이나 갈망, 의지로 대응하기에, 자신과 분리된 한 부분이 아닌 전 인간으로서 가지는 정서적인 삶에 대해서 생각해 보는 것이다. 다른 한편 사람은 이성을 가지고 이해하고 이유를 밝히고 분석하며 구별하고 평가하거나 판단하기에, 이 모든 것도 마음의 활동과 연계된다는 의미에서 전 인간적이라 할 수 있다.

우리 존재의 이런 두 가지 차원이 각각 독립적으로 작동한다고 생각할 수는 없다. 오히려 한 사람이 두 양상으로 존재하거나, 혹은 두 가지 서로 다른 양상같이 보이는 한 사람이지만, 이들은 언제나 서로서로 결합되어 상호 작용을 한다. 우리의 감정과 갈망은 우리가 이해하고 알고 이유를 묻고 평가하는 것에 따라 반응한다. 그 대상들은 우리 앞에 놓여 있는 어떤 선택이나 옵션, 자신의 내적인 삶의 양상들과 연관된 어떤 상황이나 우리 자신을 포함하는 사람에 대한 것일 것이다. 아니면 감정이 일어나는 '대상'으로 우리에게 계시된 하느님이나 혹은 전적으로 가상의 어떤 것일 수도 있다. 그 대상이 무엇이든 간에 적어도 최소한도로라도 알려진 것일 것이다. 그리고 감정이 우리가 알고 생각하는 것에 의해서 촉발되는 것과 마찬가지로, 우리의 감정도 적극적이든 부정적이든 간에, 우리가 생각하고 알고 판단하는 자신과 세계, 하느님에 대한 정서의 변화에 영향을 주게 된다. 사랑하면 눈이 먼다는 것은 잘 알려진 사실이고, 재판관이 배심원들에게 판단할 때 그들의 감정에 흔들리지 말도록 주문하는 것은 흔히 볼 수 있는 일이다. 그래서 정서적인 삶과 이성적인 삶 사이에는 언제나 성숙한 상호 교류가 있는 것이다. 그러나 이 상호 교류가 이들 두 차원의 갈등을 제거해 주는 것은 결코 아니다. '가슴'과 '머리' 간의 부조화는 흔히 경험할 수 있는 것이고, 이런 사실이 우리의 식별에 결실을 맺게 하며, 우리의 완전한 성숙을 위해서 종종 필요한 무대가 된다고 할 수 있다.

그 어떤 것이라도 균형 잡힌 식별을 하는 과정에서는 우리 존재의 이성적이고 정서적인 차원이 필요하다. 만약 우리가 감정을 억누르거나 거기에 아무런 주의도 기울이지 않는다면, 우리는 '머리 안에서' 고독하게 살며 냉혹한 이성 안에서 길을 잃게 될 위험에 처하게 된다. 반면에 우리가 이성의 소리를 배제한다면, 감정과 갈망의 파도나 아니면 기분이라는 '그네'에 의해서 전적으로 통제될 위험에 처하게 된다. '너의 머리를 이용하고 너의 감정을 믿어라'라는 식별에 대한 이 구호는 건강한 식별을 위한 필수적인 균형과 상호 작용을 잘 요약하고 있다고 본다. '너의 머리를 이용하고 너의 감정을 믿어라'는 이 제목은 식별에 있어서 아주 가치 있는 논문이다. [6]

이 일반적인 소개는 우리를 자연스럽게 다음 단계로 이

끌어 주는데, 이로써 식별과 관계되는 우리의 정서적인 삶에 대해 반성하는 과정을 충분히 탐구할 수 있게 된다. 우리는 이 과정을 세 가지 중요한 단계별로 살피게 되는데, 전 과정은 기도 생활을 통한 하느님과의 활발한 소통을 전제로 한다는 것을 잊지 말아야 한다.

첫째, 감정, 기분, 갈망에 대한 주목

일상이나 특별한 선택에서나 식별의 첫 단계는 선택과 관련된 주위 환경에 대한 우리의 감정에 관심과 주의를 기울이는 것이다.

물론 어떤 감정은 다른 것보다 훨씬 더 중요할 수도 있는데, 우리는 이것을 '더 깊이가 있다'라고 일반적으로 표현한다. 우리의 갈망이나 기분이나 감정 중에서 어떤 것들은 일시적이거나 또는 피상적이라 빨리 지나가 버리고, 우리가 어떻게 행동하며 살 것인가 하는 문제에 별 영향을 끼치지 못한다. 우리를 기쁘게 하거나 눈물을 흘리게도 하는 것들이라도 우리의 선택이나 행동에 본질적인 변화를 초래하지는 못한다. 그럼에도 우리의 기분이나 갈망, 유혹이나 욕심 같은 정서적인 경험들은 우리가 어떻게 행동하고 살 것인가 하는 문제에 중대한 영향을 끼치게 된다. 우리가 하는 선택에 긍정적으로나 부정적으로,

영향을 끼치는 감정의 정도가 있다. 깊은 감정은 기운을 돋우고 효과적으로 행동하여 중요한 선택을 하도록 추진력을 준다. 사랑, 화, 자신감, 좌절감, 정의감, 하느님에 대한 갈망 등도 우리가 선택하게 하고 행동하게 함으로써 우리 삶에 독특한 색깔과 방향, 모양을 갖게 한다. 식별에 있어서 이 깊고도 아주 특별한 감정들은 저마다 한 역할을 담당하는 것이다.

특히 식별에 있어서 특정한 기분이나 갈망이나 그 밖의 다른 감정들은 우리 각자는 물론 전반적으로 세계를 다스리시는 하느님과 관계가 있는 것들이다. 그러나 '거룩함'이 우리의 감정이나 갈망들을 분명히 하느님께로 향하게 하고 이끌어 주겠지만, 그렇다고 그것이 넓은 범위의 다른 기분들과 다소간에 하느님과 관계있는 감정이나 갈망을 경험하게 하는 유일한 배경은 아니다. 많은 그리스도인이나 특정 종교인이 아니라고 생각하는 사람들에게도 인생의 중요한 사건이라 할 수 있는 병, 사고, 사별, 결혼, 출생, 이혼, 해고나 무직 혹은 정치적 사건 등은 하느님께 대한 다양한 감정들을 불러일으킬 수 있고, 그러한 방법으로 하느님께서 이 세상에 현존하시고 활동하시는 것이다.

이미 본 바와 같이 그리스도인이 식별을 통하여 얻는 결실은 우리가 하느님의 아들딸로서, 예수 그리스도의 형제자매로서 성령 안에 살도록 불리었다는 것을 명시적으로 인정하는 구도 속에서만 가능하다. 우리가 경험할 수 있는 것처럼 우리의 삶이 실제로 그렇고 우리의 전 생애가 달려 있는 문제이기에, 우리는 피조물과 역사 안에 현존하시는 하느님께 더 민감하게 되는 것이다. 이렇게 전에는 하느님과 전혀 아무런 상관이 없던 이런 환경이 하느님께 더 관심을 가지도록 하고, 하느님의 세계 내 현존과 그리고 하느님을 향하는 갖가지 기분이나 감정을 통하여 응답하게 만든다.

우리는 일상적인 삶에서나 또는 중요한 순간의 선택에 직면해서 직간접으로 하느님과 관계된 넓은 범위 내에서 서로 다르고 아마 상반될지도 모르는 감정이나 기분, 충동이나 갈망들을 경험할 수 있다. 기쁨, 평화, 슬픔, 혼란, 자신감, 공포, 화, 원한, 질투, 힘과 열정 혹은 무관심과 무기력 등도 우리가 우리 자신 안에서 발견할 수 있는 어떤 응답이라 할 수 있다. 여기서 식별과 관계되는 것은 이러한 감정의 중요성에 대하여 완벽히 이해하는 것이다. 이를 위한 첫 단계로는 우리가 경험하는 감정들에 대하여 실제로 주의를 기울이는 것이다. 이것은 다음과 같은 질문에 대답하는 것이다. '이 특별한 경우나 혹은 내가 결정을 내려야 하는 이 중요한 선택에 대한 나의 감정은 어떠한가?' 그리고 깊은 기도 중에 일어나는 이러한 감정에 대하여 충분히 주의를 기울이는 것이 중요하다. 왜냐하면 우리가 성령의 활동에 평상시보다 더 민감할 수 있고, 우리의 가장 진실하고 깊은 감정이 수면 위로 떠오를 수 있기 때문이다.

둘째, 우리의 감정, 기분, 갈망에 대한 해석

그리스도교 식별은 우리가 경험하는 것에 대한 충만한 이해를 위해서 전통적으로 하느님께 대한 두 가지 서로 다른 정서적인 반응을 구분한다. 이 책에서는 로욜라의 성 이냐시오와 관련된 영성에서 최근에 발전된 동향을 따라, 두 가지 집단적 감정을 표현하기 위해 '(영적) 위안靈的慰安, spiritual consolation'과 '(영적) 고독靈的孤獨, spiritual desolation'이라는 용어를 사용한다. 많은 사람들이 이 용어들은 전적으로 만족할 만한 용어들도 아니고, 많은 이들이 어렵다고들 하는데, 내게는 그 어떤 용어들보다도 좋다는 생각이 든다. 어떤 경우든 간에 우리가 이 용어들을 통하여 표현하고자 하는 의미를 경험적으로 파악하기만 한다면 그 용어들 자체의 중요성이 그리 대단한 것은 아니라 할 것이다.[7] 이 '영적spiritual'이라 불리는 앞부분에 놓여 있는 의미들은 '비물질'적인 인간 생명의 어느 한 부분에 존재하는 것도 아니고, 우리가 경험하는 다른 감정과는 본질적으로 다르다는 것도 아니다. 그러나 그보다는 그것을 가지고 있는 사람들이 하느님과 연계되든가 또는 하느님에 의해서 촉발되는 하느님과 관련된 일들 때문일 것이다.[8] 그것들은 '우리를 대하시는 하느님', '우리를 위한 하느님의 원의'나 또는 '하느님의 뜻'처럼 하느님을 '대상'으로 하는 것이다. 마치 우리가 렘브란트의 미술 작품을 바라볼 때 작품 자체뿐만이 아니라 작가 자신에 대한 경의와 존경을 불러일으키는 것과 같이 그렇게 세상을 관상하게 되면 세상에 있는 모두가 하느님의 작품으로써 넓은 범위의 정서적인 반향들인 갖가지 감정이나 갈망과 기분을 불러일으키는 것이다. 이러한 것들이 이냐시오 전통의 식별에 있어서 위안과 고독이라고 하는 반응들이다. 먼저 '위안'이라는 용어는 우리가 일반적으로 말하는 긍정적이고 적극적이며 창조적인 느낌이나 기분 혹은 갈망을 말한다. 다른 한편 '고독'이란 용어는 일반적으로 파괴적이고 부정적인 의미를 내포하는 '영적 실망'을 말한다.

내가 여기서 사용하는 위안과 고독이라는 용어는 두 가지 종류의 의미를 모두 다 포함한다. 좀 더 쉽게 이해할 수 있는 차원으로는, 우리의 삶에서 쉽게 불러일으키는 정서적인 경험들이라 할 수 있다. 우리의 인생 경험에서 나오는 감정, 갈망 또는 기분, 그리고 더 쉽게 예를 든다면 행복, 정의에 대한 갈망, 사랑, 확신, 기쁨, 평화, 죄책감, 성냄, 질투, 분개 같은 것들이다. 그럼에도 우리 의식의 표면으로 쉽게 잘 떠오르지 않는 두 번째 차원도 있다. 그것은 존재의 더욱 근본적인 차원으로서, '우리가 하느님과 관련하여 실제로 어떤 위치에 있는가?', '하느님께서 우리를 아시고 은총으로 우리 안에 현존하시는가?' 하는 차원이다.

식별은 다양한 부류의 사람들과 서로 연관되고 상호 작용한다는 사실에 상당한 무게를 두고 있다. 우리가 존재의 가장 깊은 차원에서 하느님께 접근하고자 하거나, 아니면 하느님과 관계가 멀어질 때의 움직임은 우리의 의식적인 감정이나 기분, 갈망을 자극하게 되고, 우리의 감정적인 삶에 반향을 불러일으키게 된다. 이와 비슷하게 다른 측면에서 본다면 우리를 에워싸고 있는 세상의 경험을 통해서도 우리의 감정이 일어나게 되는데, 이 감정 역시 깊은 차원에서 우리가 하느님을 향하거나 멀어지게도 하는, 하느님과 관계를 어떻게 맺고 있는지 그 반향을 불러일으킨다. 그래서 우리가 비교적 쉽게 주의를 기울일 수 있고 관찰할 수도 있는 우리의 감정적인 움직임과 반응들은 우리가 하느님과 어떤 관계에 처해 있는지를 보여 주는 깊은 곳에 감춰진 차원의 징표들이라 할 수 있다. 호수의 표면을 지나는 소리나 움직임은 깊은 물속에서는 쉽게 포착할 수가 있다. 이와 비슷하게 깊은 곳에서 이는 물결이나 소리나 다른 움직임은 물 표면에 그 물결을 일으키게 된다. 식별의 기술은 우리 존재의 깊은 곳에서 우리가 하느님과 어떤 처지에 실제로 놓여 있는지를 알려 주는 의식적인 생각이나 느낌에 대하여 성찰하는 것이다.

위안과 고독의 형태

네 가지 사례를 들어 이 부분을 시작해 보자.

⑴ 40대의 레베카 부인은 십 년 전부터 자기 남편이 알코올 중독자임을 알았다. 여러 번 다툼 끝에 결국 이혼하고 말았다. 레베카는 오랫동안 하느님을 원망하였다. 그녀는 교회를 잘 다니는 신자였으나 이제는 거의 3년 동안이나 교회에 나가지 않았다.

⑵ 제임스와 피오나는 곧 결혼하게 될 젊은 커플이다. 그들은 결혼 준비로 결혼하기 3개월 전에 함께 피정을 하였다. 피정 첫 이틀간 제임스의 기도는 충만한 기쁨과 감사와 평화로 가득했다. 삼 일째 되는 날부터 그는 공허하고 불편하고 낙담하기만 했고 미래에 대한 불안과 충실성에 대한 불안을 서로에게 전가하기

113

시작하였다.

(3) 마르타는 바쁘고 가난한 시내 교회의 집사다. 지난 5년 동안 그녀의 리더십 아래 공동체는 크게 성숙하고 발전했으며 목회에서도 성공을 거두었다. 그러나 지난 몇 달 동안 그녀의 모든 삶과 목회는 공허하고 의미가 없는 듯했고, 왜 그런지 이해할 수도 없었다. 그녀는 모든 것을 포기할까 심각하게 고민하고 있다.

(4) 믹은 명랑하고 행복하며 무난한 총각이다. 그는 높은 봉급을 받는 자로서 유일한 바람은 재미있는 시간을 갖는 것이었다. 최근에 그의 친구가 자동차 사고로 죽은 후 가끔씩 자기의 삶에 실망했고, 그로 말미암아 대단히 불편한 삶을 살고 있다.

이상의 몇몇 사례들은 위안과 고독에 대한 몇 가지 중요한 사실들을 말해 주고 있다. 첫 번째 사례에서 레베카의 노여움은 파괴적이고, 하느님과 그녀 사이를 가로막고 있기에 고독에 대한 경험이다. 두 번째와 세 번째의 사례는 평범한 신자들이 일반적으로 경험하는 고독의 형태나 분위기의 변화를 보여 준다. 네 번째 믹의 사례에 대하여는 나중에 보다 자세히 의논할 기회를 가져 보겠다.

우리가 하느님과 연계된 어떤 감정의 상태나 흐름은 모

두 위안 아니면 고독에 대한 체험이라 할 수 있다. 이러한 체험의 목록을 작성한다는 것은 불가능하다. 그러나 각각의 경우에 맞는 일반적인 사례를 기술해 보면 도움이 될 것이다.

위안에 대한 공통적인 체험들: 세상과 자신에 대한 하느님의 사랑과 하느님을 신뢰하는 감정, 그 신뢰를 깊게 하거나 강하게 하는 어떤 체험, 하느님의 은총을 담고 있는 나의 삶과 모든 것에 대한 감사, 하느님을 만나게 된 장소, 더 큰 선의에 대한 이끌림, 하느님께로 향하는 갈망이나 사랑의 움직임, 자신과 타인 그리고 하느님과 어울리고 평화롭다는 느낌, 죄인이라는 자각과 하느님의 용서가 필요하고 또 받았다는 자각, 코린토 2서 12장에서 사도 바오로가 경험을 묘사한 것 같은 약함 중에 기쁨, 내적이고 개인적인 자유와 해방, 예수님의 이름으로 다른 사람을 사랑하고 섬기고자 하는 열망이나 움직임, 어떤 대가를 치르더라도 하느님의 다스림을 위한 투쟁에 참여하는 것, 십자가를 지더라도 예수님을 따를 준비, 세상 창조와 역사 안에서 하느님의 현존을 느낌.

한편 고독에 대한 체험은 이들과는 상반된 것들이다. 하느님께 우리 자신을 개방하기보다는 타인들과 하느님

과 나 사이에 담을 쌓으며 달팽이처럼 자기 속으로 파고
드는 것이다. 다음과 같은 경험들이다. 삶이 공허하고 의
미가 없다는 감정, 자신을 증오하거나 자신에게 싫증을
내는 상태, 깊은 실망감으로 하느님의 사랑과 하느님에
대한 신뢰가 약화되거나 상실됨, 하느님으로부터 우리를
멀어지게 하는 갈망이나 사랑의 움직임, 하느님이나 자기
자신과의 관계가 좋지 않다는 느낌, 하느님이 계시지 않
는 듯한 시간, 죄를 짓거나 자신의 약함에서 오는 죄책감
이나 회한에 갇혀 있는 상태, 좋은 무엇에 대한 매력, 하
느님의 용서에 대한 신뢰나 수용의 상실, 그리스도의 이
름으로 다른 사람을 사랑하거나 섬기는 데 있어서 마지못
해서 하거나 진정성이 없음, 하느님의 다스림과 더불어
어떤 일을 해야만 하는 것에 대한 혐오, 특히 십자가를
지고 그리스도를 따라야 한다는 데서 오는 공포나 반감에
대한 감정, 공포, 근심, 고립, 중독으로 장애를 겪거나 부
자유스러운 경험, 하느님께서 인생의 어느 한때에나 또는
세상에 존재하지 않으신다는 느낌, 하느님을 전혀 만날
수 없다는 확실한 무능감 등.

그래서 이러한 배경을 바탕으로 본다면, 위안이나 고독
이라는 용어는 신뢰, 실망, 성남, 기쁨, 평화 같은 한 가
지 특정한 감정만을 말하는 것이 아님을 알 수 있다. 두

용어는 넓은 범위의 정서적인 움직임이나 상태 그리고 두 가지 종류의 느낌을 구분 짓는 방법을 말한다고 보아야 한다.

그럼에도 위안과 고독이 언제나 혹은 통상적인 절정 peak에 대한 체험이라고 한다면 잘못이다. 종교적인 절정의 체험은 많은 이들에게 있어서 비교적 드물고 어떤 사람은 전혀 하지 못한다. 그러므로 우리에게 강한 인상을 주는 강력한 내적인 움직임들은 쉽게 기억되는 것들이라 만약 우리가 절정의 체험들에 전적으로 의지해야 한다면 아주 드문 경우가 될 것이므로 식별은 불가능할 것이다. 그렇게 되면 평상시와 달리 피정같이 집중적으로 기도할 때는 더 높은 절정이나 더 낮은 낙담에 대해 신경 쓸 것이다. 하여간 식별의 주요 요소들을 형성하는 감정들은 기복이 심한 극단적인 감정이라기보다는 차라리 일상의 판에 박은 듯이 일어나는 삶이나 하느님과의 관계에 대한 감정의 변화나 움직임 혹은 '방 안 온도' 같은 미세한 경험이나 기분이라 할 수 있겠다.

위안과 고독의 차이점

식별에 대한 중요하고도 구체적인 질문은 이렇다. 내가 어떻게 이 독특한 경험이 위안인가 고독인가 하는 것을 알

수 있는가?(나 자신의 경험이나 다른 사람의 경험을 이용하거나 간에)

이 질문에 대한 대답은 보기보다 간단하지 않고 약간 복잡하다. 그 복잡성은 하느님과의 관계라는 의미에서 우리의 정서적인 경험이고 그 자체 안에 있는 것이라 모호하기에 생기는 것이다. 위안은 즐거운 느낌이고 고독은 불편한 느낌이나 기분이라는 간단한 등식을 만들 수 있다면 식별이 기가 막히게도 좀 더 쉬울 것이겠지만, 불행하게도 진실은 그렇게 간단하지 않다. 어느 순간에 그 독특한 기분이나 갈망이나 또는 감정이 위안인지 고독인지 알기 위해서는 삶의 다른 부분들을 살펴보지 않고서는 그 자체로나 그 자체를 살피는 것만으로는 충분치가 않다. 그와는 달리 하느님과의 관계 안에서 우리 삶의 전반적인 방향이나 형태를 배경으로 감정이나 기분 그리고 갈망들을 살펴야 진실을 알아낼 수 있게 된다.

한 가지 예를 들어 보자. 우리가 결정할 때 다양한 옵션 중에 고려하게 되는 '내적 평안inner peace'에 대한 경험을 가끔 위안에 대한 경험이라고 한다. 이것은 우리가 특정한 행위를 선별할 때 느끼는 하느님과 자신이 조화로운 관계 안에 있다는 일종의 신호다. 그럼에도 '내적 평안'에 대한 체험은 그것 자체보다 해석하는 게 더 어렵다. 사람들이 복음을 살아야 한다거나 하느님 나라의 다스림을 염두에 두지 않거나 또는 타인들을 고려하지 않고 기본적으로 자기 자신의 갈망이나 흥미에만 관심을 둔다면, 그 사람은 기본적으로 자기중심적인 갈망이 만족될 때 '내적 평안'이라는 한 형태를 경험할 수 있게 된다. 이 경우에 '내적 평안'은 '세상이 줄 수 없는 평안the peace which the world cannot give'이라기보다는 자족감이나 만족함에 더 가깝다고 할 수 있다. 다시 말해 만일 내가 어떤 상황에서 선택을 하는 게 어려울 때 고심 끝에 내린 어떤 특정한 선택지가 주어졌을 때의 '내적 평안'이라는 내 느낌은 내가 더 나은 부분을 선택하거나 아니거나 관계없이 마침내 결단을 내리는 데서 오는 안도감에 지나지 않을 수도 있다는 것이다. 그러기에 우리는 이런 경험들이 위안이나 고독으로 묘사될 수 있는지 없는지를 파악하기 위해 보다 더 광범위하게 살펴볼 필요가 있다.

두 가지 다른 방향

우리가 더 깊이 이해하기 위해서 로욜라의 성 이냐시오 식별에 대한 지침을 살펴보자. 우리가 정서적인 특정한 경험의 의미를 파악하기 위해서는 그 경험도 포함하는 개인적 전 생애의 흐름과 연관시켜 보아야 한다. 이렇게 하면 한 사람의 전 생애는 두 가지 근본적인 방향 중에서 한 가지 방향으로 움직이는 것을 볼 수가 있다.

우리가 살펴봐야 할 첫 그룹의 사람들은 이런저런 이유로 하느님, 하느님의 다스림 혹은 이웃을 네 몸 같이 사랑하라는(『영신수련The Spiritual exercises』[9] 314항 참조) 두 가지 큰 계명을 이행하는 데에 별 관심을 두고 있지 않는 사람들이다. 앞서 언급한 바 있는 믹이라는 사람이 이런 유형의 사람이라 할 수 있다. 그 사람들의 원칙이나 그들의 독단적인 관심까지도 아마 그 자신들뿐일 것이다. 그들의 주된 관심 사항은 타인에게 주어질 영향이나 그에 대한 고려는 없고, 자신들의 갈망과 필요를 충족시키는 것뿐이다. 그들은 그리스도인이 된다거나 경건하게 살려는 데는 관심이 없을 뿐만 아니라 선량함에 대해서는 전혀 고려하지 않고 있으며, 그들이 자신들의 행동에 대하여 반성한다 해도 그것은 주로 자기 삶의 방식이나 자신들을 정당화하기 위해서 하는 것뿐이다. 그들의 관심사는 만족감이나 위로, 개인적인 야망이나 부 또는 지위 같이 그들이 섬기는 것들뿐이다. 그들은 오직 '자기 자신을 돌보는 것'만을 위해서 모든 에너지를 쏟아붓는다.

이것은 한 사람이 선택해야 하는 삶의 방식과 방향을 스케치한 것에 불과한 것이고, 더 극단적으로 표현하자면 일반적인 오리엔테이션을 강조한 것에 불과하다. 만약에 우리가 그런 사람에 대하여 보고해야 할 목적으로 정서적인 응답이나 분위기를 해석하려고 애쓴다면, 그 사람의 삶이 일반적으로 움직이는 방향을 고려해야만 한다. 내가 앞서 언급한 바 있는 '내적 평안', 만족감, 신뢰감 같이 편안한 감정들은 모호한 것들이다. 내가 방금 묘사한 이들도 평온함이나 자신감으로 현재 삶의 방향을 더 확고하게 하는 경향이 있는데, 이것은 자신의 갈망이나 필요에 대한 만족에서라기보다는, 오히려 더 큰 선善이나 하느님을 경시하는 것에서 오는 것이다. 이 경우를 그리스도인의 견해로 본다면, 이런 경험들은 하느님의 뜻이나 하느님께 반하여 있다는 상태를 보여 주는 징표라 할 수 있다. 왜냐하면 그것들은 우리를 위하시는 하느님의 원의에 반하는 삶의 길이기 때문이다. 그와는 반대로 내적인 혼란이나 갈등, 내적 공허함에 대한 느낌이나 무미건조 같은 경험들은 물론 고통스럽고 감지하기 힘들고 또 느리기도 하겠지만, 은총의 진정한 움직임에 대하여 영적으로 눈을 뜨게 하거나 '양심의 가책'을 주는 진정한 표징이라 할 수 있다.

그러므로 그것들이 우리를 하느님께로 인도하고 하느님이 원하시는 한에 있어서 그런 고통과 도전적인 느낌이나 기분은 이런 특정한 사람들을 놓고 볼 때 위안의 경험이라 할 수가 있다(『영신수련』 314항 참조).

이러한 배경에서 볼 때 두 번째 부류의 사람들이 하느님 아버지의 자녀와 예수님의 형제자매로서, 성령 안에서 정직하게 살려는 사람들로서 하느님과 협력하는 데에 있어서 효과적인 발걸음을 내딛는 것이라 할 수 있다(『영신수련』 315항 참조). 이런 경우 '위안'이나 '고독'이란 용어는 더 유용한 의미를 지닌다. 내적인 기쁨과 평화, 신앙에 확신과 용기, 하느님과 자신의 조화로움, 진정한 창의적인 시간 등에 대한 체험들은 진정한 위안이라 할 수 있다. 성령의 현존에 대한 표징이나, 하느님이나 다른 신자들과의 가슴과 마음이 일치하고 있다는 표징은 하느님의 다스리심이 실제로 일어나고 있음을 가리키는 것이다. 그러나 반대로 혼돈과 어둠의 시간, 좌절, 공허함, 불안, 무의미함, 파괴적인 기분 등등은 고독의 체험들로서 하느님의 다스리심이나 신앙의 성장을 방해하고 하느님에게서 멀어지도록 무엇인가 작용하고 있다는 표시라 할 수가 있다.

그러므로 우리의 과거와 현재의 감정들이나 기분과 갈망들이 위안이나 고독에 대한 체험들인지 아닌지 알 수 있는 열쇠는 이런 개인들이 체험한 하느님과 관련된 삶의 일반적인 방향을 놓고 보는 것이다. 평안, 기쁨, 조화, 격려 등등에 대한 체험들은 삶을 선택하거나 행동 과정이나 상황이 삶의 통상적인 방향과 조화를 이루고 있다는 느낌의 수준에서 주어지는 표시들이다. 다른 한편 어둠이나 공허함, 불협화음 등등은 하느님과 관련된 자신들의 방향과 자신들의 현재 체험 사이에서 벌어지는 내적인 갈등의 정서적인 차원에 주어지는 표시들이다(『영신수련』 335항 참조).

이제 위안과 고독의 차이점에 대해서 좀 더 신학적으로 시도해 볼 시점에 와 있다. 이것은 우리를 대하시는 하느님과 하느님께 대한 우리의 응답이라는 측면에 대해서 말하는 것이다. 지금까지 우리가 논의해 온 바와 같이 '위안'이라는 용어는 하느님께로 이끄는 체험을 말하는 것임에 틀림없다. 어떠한 체험이든지 간에 그 체험들은 사람들이 하느님이 뜻하시는 대로 믿음과 희망과 사랑의 생활 안에서 건강하게 성장하도록 돕는다. 또한 우리를 하느님과 타인에 대한 사랑과 봉사에 건설적이고 관대하게 만든다. 그리고 또한 우리가 하느님의 다스림을 지향하게 한다. 뿐만 아니라 어떤 면에서는 우리가 예수 그리스도의 형제자매로서 성령과 더불어 살도록 인도한다. 반면에

'고독'은 이상의 것들과 정반대라 할 수 있다. '고독'이라는 이름은 하느님과 멀어지거나 하느님과 반대 방향에 놓여 있는 체험들이라 할 수 있다. 이러한 체험들은 믿음과 희망과 사랑의 생활을 방해하고, 우리가 하느님이 원하시는 대로 사는 것을 방해한다. 이러한 체험들은 우리를 더욱더 자신에게만 향하게 하여 이기적이 되게 하여 자신으로부터 하느님과 타인들을 차단하게 만든다. 그뿐만 아니라 복음적인 삶을 충만하게 살지 못하게 하고, 하느님의 다스림을 반대하며, 하느님 아버지의 아들딸이요 예수 그리스도의 형제자매로서의 삶을 방해하는 것이다(『영신수련』 316-317항 참조).

위안에 대한 더 세밀한 면들

이것이 우리의 논의에 한층 더 깊은 인상nuances을 준다.

첫째, '아픈 위안'

지금까지는 정직하게 하느님의 다스림을 찾는 사람들을 위해서 격려, 기쁨, 평온, 확신, 신뢰, 희망 등 우리가 생각하는 적극적인 느낌이나 즐거움이라 할 만한 위안에 관련된 부분을 살펴보았다. 그러나 극도로 고통스럽지만 분명히 위안의 한 형태라 할 수 있는 또 다른 경험에 대해 언급하지 않을 수가 없다. 예를 들면 우리가 하느님 앞에서 회개해야 하거나 죄의식이나 나약함, 허약함과 마주하게 될 때, 나에게는 즉시 부끄러움이나 창피함, 슬픔이나 혼돈이 일게 된다. 혹은 이 세상에 존재하는 불의나 억압, 고통과 마주할 때 우리에게는 슬픔이나 분노가 일거나 겁이 나기도 한다. 또는 예수님의 죽음이나 수난을 묵상할 때 슬픔이 일고 혼란에 빠지기도 한다. 이는 기도 중에 예수님의 수난과 죽음을 묵상할 때 치유되지 않고 있던 우리 자신들의 고통에 대한 기억들이 수면 위로 떠오르기 때문이다. 이러한 모든 것들이 고통스럽다는 것은 의심의 여지가 없다. 그럼에도 그것들이 파괴적이지 않고 건설적이라는 면에서 진정한 위안이고, 그리고 복음의 길을 따르는 성령의 길로 우리를 이끄심이라 변형의 기회가 되는 것이다.

이러한 체험은 사실 애매함에도, 사람들은 혼돈과 고통 속에서도 폭풍 속의 고요 같은 기쁨과 평온, 그리고 평화로움을 느낀다. 어느 면에서는 의심할 여지없이 고통스럽기는 하겠지만, 이것이 하느님 성령의 역사하심이요 우리가 예수님께서 돌아가시고 부활하신 파스카 신비에 참여한다는 것을 깨우치게 된다.

둘째, '거짓 위안'

'이것은 빛나는 천사의 얼굴을 한 악령의 표시다'(『영신수련』 332항 참조). 이번 장의 서두에 세상과 하느님과의 관계 안에서 살아가는 두 부류의 사람들을 언급했는데, 상반된 방향으로 움직이는 것처럼 보일 수도 있다. 두 번째 부류의 사람들이 할 수 있는 특정한 체험들에 대해서 특별한 주의를 기울여 보게 되면, 특히 하느님의 다스림에 대한 헌신은 신실하고 진심 어리며 그들의 삶의 중심이라 할 수 있다. 처음엔 이들 체험이 위안의 때인 것 같아 보인다. 그러나 다시 성찰해 보거나 결과를 보게 되면 겉으로만 그렇게 보일 수 있다는 것뿐, 이들이 '거짓' 체험이거나 잘못 해석된 위안이라 할 수도 있다. 다른 예들을 들어 보자.

(1) 폴은 30대 중반의 마음씨 착하고 열심히 일하는 사람이다. 그는 쉘라와 결혼했고 3살부터 11살까지 세 명의 자녀가 있다. 그 가족은 매주 성당에 가지만 교회 일에 그렇게 열심히 하지는 않았다. 그러다 일 년 전쯤에 성당의 기도 모임에 초대되었다. 어느 날 모임에 참석하면서 교회 일에 더 헌신적으로 일하라는 하느님의 부르심을 받았다는 체험을 하였다. 그 후로 그는 성당의 일과 지역의 장애 어린이들을 위하여 더 헌신적으로 일을 해왔다. 그러나 이것이 그 가족에게 큰 부담이 되었다. 몇 번의 심한 다

툼 끝에 쉘라는 기도 모임과 다른 일들을 포기하지 않으면 그를 떠나겠다고 위협하였다. 그는 그들 모두를 포기했지만 종교에 관계되는 일에는 의욕을 잃고 실망하게 되었다.

⑵ 제인은 대도시의 호스피스 병동에서 일하는 45살의 미혼 여성이다. 그녀는 호스피스 직원들 중에서도 신앙생활을 열심히 하고 열심히 기도하는 훌륭한 사람이다. 그녀는 기도에 맛 들였고 얼마 전에는 긴 시간 동안 기도에 심취했다. 얼마 후 호스피스를 떠나기로 했고 더 오랫동안 기도하기 위하여 시간제 간호사 일을 하게 되었다. 결국엔 그 친구의 조언도 무시하고 관상 수도회에 입회하였지만 18개월 후에는 수도원을 떠날 것을 권고받았다. 지금 그녀는 갈피를 잡지 못하고 하느님께 화를 내며 혼란스러움을 겪고 있다.

⑶ 안나는 헌신적이고 신중한 심성을 지닌 20대 후반의 수도자다. 그녀는 시내 한복판에 있는 중등학교 교사로서 바쁘게 살고 있으며, 그 일을 즐겁게 하고 있다. 3년 전 연례 피정 때에는 깊은 인상을 심어 주는 힘 있는 기도 체험을 하였다. 그 결과 그녀는 일상에서 더 많은 기도의 필요성을 느끼고 일주일 내내 매일 더 많은 기도 시간을 할애하였다. 그해가 거의 끝나갈 무렵엔 매우 피로하였고 병 때문에 평상시보다 학교생활에 더 소홀하였음을 깨닫게 되었다. 동시에 그녀의 기도는 점점 어렵고 건조하게

되었다. 점점 기도의 맛을 잃어 갔고 공동체의 정해진 기도 외에는 완전히 포기하게 되었다.

이런 체험들이 절묘함은 전형적으로 우리 안에 있는 이기적인 힘이 작용하는 것이고, 하느님께 저항하는 것이며, 자기기만적인 힘이 작용하는 것이다. 이 예에 등장하는 모든 개인은 굳은 신앙생활을 하는 선량한 사람들이다. 그러나 그들 스스로 기도에 열중하고 너그럽고 개방적이고 정직한 사람들로서 질적으로 좋기는 하지만, 그들이 언제나 훨씬 많은 것을 달성하고 있다고 믿고 있는 동안에 그로 인한 외고집이 그들에게 해를 끼치고 그들의 내적인 평온을 깨뜨리는 길로 들어서게 하며, 자신을 약하게 하고, 파괴적으로 나타나게 한다. 훌륭한 영적 지도자나 동반자의 한 가지 기능은 이러한 거짓 위안에 현혹되지 않도록 돕는 것이다.

사례마다 사람들은 개인적인 기도를 하면서 위안의 체험을 즐기는데 관심이 있다. 그러한 체험들은 그들을 하느님께로 향하게 하며 충만한 복음적 삶을 살고 있는 것처럼 나타나게 한다. 그러나 그들은 또한 그런 경험의 영향을 받으며 어떤 결정을 하게 되는데, 각자 나름대로 환경적 특이성이라는 각기 다른 이유로 그들이 취하게 되는 행동 방식들이 때로는 슬프고 외롭게 끝나기도 한다. 그들이 체험한 위안은 명확하게 잘못 파악된 것들이다. 그들이 많은 것을 추구했지만 끝내 찾은 것은 허황되고 형편없는 것이 된 것이다.

어떤 위안에 대한 경우, 특히 큰 충격을 받고 생활 양식이나 행동에 심각한 영향을 주게 된 경우에는 주의 깊은 성찰이 필요하다. 어떤 개인적인 위안에 대한 체험은, 특히 강한 인상을 준 것이라면, 한 사람의 전반적인 삶을 넓은 범위의 배경 안에서 살피고 행동할 필요가 있다. 이것이 명백한 것임에도 종종 잊어버리게 되는데, 이는 위안에 대한 체험이 아주 중요하고 강력하다고 할지라도 과도한 열정을 점검해야 하고, 비록 그렇게 흥미롭지는 않더라도 같은 상황 안에서 같은 비중을 가지는 다른 요인들과 균형을 찾아야 하기 때문이다. 예로 든 세 가지 중에서 어려운 점은 개인과 관계된 체험이나 체험의 한 부분이 생애의 다른 부분과 고립된 상태에서 해석됨으로써 자기 삶이나 타인의 삶 모두를 지배하게 된다는 점이다.

이런 때에도 전통적이고 실용적인 그리스도교인의 식별은 또 하나의 시사점을 던져 준다. 이때는 위안을 체험했던 그 당시와 아직 남아 있는 그 '여운'을 구분해 보는 것이 현명하다. 이 여운은 심리적이고 감성적인 것이 남아 있는 것으로, 체험이 끝나더라도 가끔 아주 오래 지속이 된다. 이 여운의 따뜻함과 열정 때문에 우리는 고독에로 이끄는 결정을 쉽게 할 수 있게 되고 궁극적으로 자신과 타인들을 해롭게 하게 된다.

우리는 가끔 잘못 파악된 위안의 체험을 그것이 이루어지고 난 다음에야 알아차리게 된다. 로욜라의 성 이냐시오는 이런 대처 방식은 별 소용이 없다고 했다. 우리가 잘못 이해했음을 알게 되었다면, 처음으로 잘못된 지점을 찾기 위하여 처음부터 소급해서 이어진 생각들이나 느낌이나 선택을 되짚어 보아야 한다. 이렇게 해야 저질러진 실망이나 혼돈을 줄이는 데 도움이 되고, 그리고 다음에 또 저지를 수 있는 여지를 줄일 수 있게 된다(『영신수련』 333항 참조).

고독에 대한 더 세밀한 면들

고독은 우리 안에 계시는 성령의 활동에 저항할 때 일어난다. 이 저항은 의도된 것일 수도 있고 또는 무의식적인 것일 수도 있다. 우리가 이 의도된 저항을 인지할 수 있다 해도 거기에 명확하게 대처할 수 있는 방법은 거의 없다. 차례로 그 가능성들을 살펴보도록 하자.

⑴ 아만다는 그녀가 취해야 할 몇몇 행동에 대하여 혼란스럽지만, 중요한 선택을 결정해야 할 상황에 놓여 있다. 그녀는 예수님의 모범을 따라서 성령과 더불어 복음을 묵상하면서 시작한다. 이 모든 것을 고려하면서 모든 것에 신중히 기도하며 접근하였다. 선택 B는 주위 환경을 고려하는 최선의 옵션일 것이다. 그럼에도 그녀는 어려움을 겪는다. 이 옵션은 오래 지속된 우정을 끊어야 한다는 것이다. 사실 그녀는 그 우정이 비록 고독의 원인이라는 것을 느끼고, 기쁨의 원천이라기보다는 지속적으로 지고 가야 할 하나의 짐으로 느끼고 있으며, 그녀의 친구에 대해서 후회도 하고 화가 나기도 하지만, 그녀 스스로 그 관계를 단절할 수가 없다. 끝내 그녀는 옵션 B를 선택하지 못하고 고독의 상태는 지속된다.

⑵ 두 번째로 리타가 아주 중요한 선택을 해야 할 상황에 놓여 있다고 상상해 보자. 그녀는 옵션 P에 이끌렸고 이것이 명확하게 그리스도인의 신앙과 사랑을 담고 있는 것처럼 보인다. 그럼에도 이것 또한 대단히 위험하고 아주 안전하지 않다. 옵션 Q는 좋기도 하고 안전하며 신중하고도 현명하다. 선택하는 과정에서 옵션 P를 고려할 때마다 공포와 좌절과 불신이 일렁이고 있음을 알게 되고, 그것들이 그녀를 좌절시키려고 위협한다. 이런 경우에 공포와 불신은 저항과 고독을 불러오게 된다. 리타는 그것들이 의도된 것은 아니라며 그것을 극복하기를 원했지만, 극복할 수 없

을 것으로 보인다.

(3.1) 성령의 활동에 대한 우리의 저항이 우리가 의식하지 못하는 어떤 것일 때 고독의 움직임은 미묘하고 명확하지 않다. 세 번째 예로서 두 경우 모두 좋은 대안들인데, 그중에서 하나를 선택해야 하는 빌의 경우를 가정해 보자. 빌은 대안인 옵션 X에 끌렸는데, 그는 그것이 무난하다고 여기고 거기에 만족하기 때문이며, 그것이 그의 삶과 재능을 사랑하는 사람들과 나눌 수 있는 여지를 준다고 생각해서다. 그럼에도 그는 모호함과 죄의식까지도 느끼고 있는데, 그가 그것을 선택함으로써 '하느님이 원하시는 것'보다 '그 자신이 원하는 것'을 하지 않을까 두려워해서다. 그는 하느님이나 혹은 타인들(비록 그는 하느님에 대한 이런 상상들이 그의 행동을 지배하고 고독의 이유가 된다고까지는 생각하지 않지만)이 그에게 아주 큰 기대를 하고 있다고 믿고 있다. 그는 이런 기대를 만족시킬 수 있는 아주 좋다고 생각하는 실천 사항인 옵션 Y라는 또 다른 하나의 대안을 찾고 있는데, 그러나 이를 관철하기는 어렵고 그에게 매력적이지도 않으며, 그것을 이행할 재능이 있다는 확신도 없다. 어쨌든 그는 두 번째 선택을 고려했지만 영적인 어둠인 무거운 심정을 경험하게 됨으로써 걱정스럽고 혼란스럽게 되고 이리저리 끌려 다닌다는 것을 알게 된다.

이런 경우에 빌의 경험은 하느님의 특정한 이미지와 연

계된 어떤 의무감과 좀 더 옵션 X로 이끌리고 있다는 사실 사이에서 일어나는 하나의 충돌이라 할 수 있다. 그는 고독에 대한 경험으로 혼란을 겪고 있는데, 이는 그에게 지워진 까다롭다는 하느님에 대한 이미지가 주는 부자유를 의식하지 못하기 때문이다.

(3.2) 네 번째 예로서, 토니는 바쁜 본당 신부라고 가정하자. 성실하고 기도를 많이 하고 열심히 일하는 헌신적인 그의 사목 생활에 전반적으로 만족하고 있다. 그럼에도 모든 것들이 무너지는 듯하였다. 그는 자기 일을 방치하고, 기도를 게을리 하며, 사목하는 일에 혐오감을 느끼고, 무기력에 시달리며, 아주 사소한 일에도 귀찮아하고, 자주 화를 내며, 평상시보다 잠을 많이 자지만 그리 개운하지가 않다. 의사의 말에 의하면 그는 건강하며 우울증을 앓고 있는 것도 아니다. 이즈음에 그는 사제직을 버릴까도 생각 중이다.

이 예에서는 분명히 고독의 성향이 위대한 선을 방해하는 것이다. 그래서 토니 신부는 불만이 있으며 그의 직무에 태만하다. 고독의 원인은 더 깊은 성찰, 친구나 영적 지도자에 의하여 밝혀질 수 있을 것이다.

신실한 신앙생활을 하려고 노력하는 사람들에게 이 고

독의 경험은 피하고 싶어 하는 고통스러운 것이다. 어쨌거나 다른 한편에서 본다면, 몇몇 고독의 형태는 아주 흥미를 끌 수도 있다. 예를 들어 만약에 우리가 경험하는 고독이 무기력하거나, 더 좋은 것을 추구하는 데서 따라오는 나른함이나, 즉각적인 자기만족을 위한 욕구나, 여흥이나 오락에 빠져 시간 가는 줄을 모를 정도의 매력적인 것이라면 그 경보음은 매우 매혹적인 것이 될 수도 있다. 그것은 우리의 관능, 안락한 사랑, 이기적인 힘을 설득력 있게 드러내는 것으로, 완전히 사라지지는 않을 것이다. 이런 일들이 일어날 때, 우리가 고독을 붙들고 싶어 하는 것은 흔한 일이다. 고독과 함께 간다는 것은 고독의 매력에 맞서거나 거기에서 벗어나려는 노력보다도 훨씬 더 쉬운 것이기 때문이다. 이런 때에도 자기 합리화는 가끔 큰 역할을 한다. 이러한 고독에 머물 수 있는 정당성을 찾거나 아니면 그것에 맞서려는 노력을 하지 않는 것이다.

그러나 고독의 파괴적인 가능성에도 불구하고, 고독에 대한 부정적인 평가보다도 적극적인 평가가 이냐시오 식별의 전통에 있는 하나의 특징이라 할 수 있다. 이 명백한 역설의 논지는 간단하다. 지금까지 살펴본 바와 같이, 고독이 성령의 활동을 무시하거나 저항하는 데서 일어나는 반면에(물론 부정적으로 판단하는 느낌으로), 이것은 성령께서 실제로 역사하고 계시다는 표지이고 성령께서 치유와 성장을 이끄는 곳을 가리키고 있다는 표지이기 때문이다. 고독이 일어나는 지점이 곧 신앙생활에 있어 성장 가능성이 있는 지점인 것이다. 만약에 성령이 현존하시지 않는다면 마찰이나 저항은 없을 것이다. 이것이 로욜라의 성 이냐시오가 다른 사람들과 함께 식별에 있어서 위안과 고독에 대한 우리의 체험을 성찰하고 살펴는 이유다. 두 가지 다 성령이 현존하신다는 표징이고, 두 가지를 모두 반성함으로써 성령의 움직임 안에서 방향을 설정하는 데 도움을 받고, 그곳에서 하느님의 다스리심을 발견하게 되는 것이다.

위안과 고독 다루기

지금까지 하느님과 소통하는 신앙인이라는 입장에서 하느님과 우리의 삶에 대한 정서적인 반응을 통해서 위안과 고독을 감별하고 이해하는 과정을 살펴 왔다. 이제 이 마지막 부분에서 더 깊은 단계로 들어가 그리스도인들이 이 반응을 바탕으로 선택하고 행동함으로써 사도직과 신앙생활의 성장을 촉진할 수 있도록 이들 응답들을 다루는 방법에 대하여 더 연구해 보도록 하자.

여기 기본적인 원칙은 아주 간단하다. 성령의 인도하심을 따르고자 한다면 우리가 위안의 체험과 더불어 행동하고 그 위에서 출발해야 한다. 반면에 우리는 고독의 체험을 따르면 안 된다는 것을 명심해야 하고, 그것들의 영향을 견뎌 내야 하며, 그것들이 우리를 이끄는 방향으로 가지 않도록 피해야 한다. 이것에 대한 논리는 너무나 명확하다. 우리가 본 바와 같이 '위안'은 우리가 복음과 하느님의 다스림을 풍성하게 살아 내도록 하는 창의적이고 정서적인 체험을 말하는 것이고, 하느님과 함께하는 충만한 삶을 말한다. 반면에 '고독'은 우리를 그 반대 방향으로 움직이게 하는 것이기에, 만약에 그것을 따른다면 우리의 삶을 파괴하는 결과가 따르게 된다. 그래서 '위안을 따르고', '고독에 맞서거나 반대하라'는 구호가 있다.

위안이나 고독이 식별에 있어서 중요하다는 것은 그저 하는 말이 아니다. 감정의 고립된 움직임이나 변화는 다양한 원인들에서 오는 것이고 쉽게 오해되기도 한다. 더욱 확실한 길잡이는 일정한 기간에 하게 된 체험의 일정한 유형들이다. 예를 들어 내가 아주 중요한 결정을 해야 한다면, 그 문제를 숙고하는 동안에 다른 옵션들을 고려하면서 내 감정이 어떻게 일관성을 유지했는지 또는 변화를 일으켰는지 유의하고 성찰해 보는 것이다. 이들 체험의 일관성, 변화들과 누적된 효과들은 옳은 결정을 내리는 데 도움이 되는 표지들이 된다. 일상적인 매일의 식별과 마찬가지로, 일정한 기간 위안과 고독에 대한 체험 안에서 일어난 연속성과 변화의 유형은 사도직의 길에서 후속의 발길을 내딛게 하는 지침 역할을 한다.

위안의 행동

앞부분에서 위안이 무엇을 의미하고, 또 가끔 일어나는 '거짓 위안'에 대해서 면밀히 살펴보았다. 위안의 행동이 의미하는 것은 우리가 경험했던 위안의 때와 장소들을 주목해 보는 것이고, 그리고 우리가 미래를 향해서 나아갈 때 그것들이 삶의 방향과 형태를 결정하도록 허용하는 것을 말한다. 이러한 과정 중에서, 우리에게 필요한 가장 중요한 재능은 아마도 신뢰가 아닐까 한다. 우리가 효과적으로 해야 하는 것은 우리의 삶을 하느님께로 향하도록 통제하고 다루는 것이며, 정도의 차이는 있겠지만 '당신의 뜻대로 하소서'라고 말하는 것이다. 이 경우 뜻밖의 일에 대비하는 것이 좋은 것이, 배를 계류시켜 놓고 성령과 함께 움직인다는 것은 예상하지 못한 곳에서 해수욕하는 것을 의미할 수도 있기 때문이다.

고독 다루기

자신이나 타인들의 고독을 다루는 문제는 그들의 위안을 다루는 것보다 가끔 더 어려운 문제라 할 수 있다. 대처할 수 있는 방법은 의문에 처한 고독의 유형 정도에 따라 다르고, 그것의 출처와 가능한 작동 방식에 달려 있기도 하다. 이미 말한 바와 같이 중요한 것은 되도록 고독의 영향 아래에서 우리의 선택과 행동이 이루어지지 않게 하는 것이다. 왜냐하면 그 영향력이 우리 자신과 다른 사람들과의 관계를 좀먹기 때문이다. 어떻든 간에 이 권고를 이행한다는 것이 쉬운 것은 아니다. 고독은 이 미묘함과 엄정함으로 말미암아 가끔 사람들을 지배하는 힘이 있고, 그들이 의식하기도 전에 그들의 행동에 악영향을 끼치게 되기 때문이다. 또한 일찍이 미리 고독에 대해 경고를 하였기 때문에 그것에 맞서서 대항할 수는 있겠지만, 참고 견디는 그 와중에 가끔은 약해지기도 하기 때문이다.

통상적으로 고독에 대하여 쉽게 이해할 만한 반응으로서는 일종의 고통으로서 애매한 행동을 취하거나 혹은 마취된 듯 행동하는 것이다. 순간적으로 위로를 주는 듯한 무엇인가에 우리의 주의와 힘이 몰입되는 것이다. 힘든 노동, 여흥, 식도락, 음주, 잠자기 등. 반면에 이것들이 일시적으로 위안을 줄지는 모르겠으나 사실 실질적으로는 그 사안에 접근할 수 없는 것들이다. 결국은 원인이 무엇이든 간에 고독을 마주하는 것이 더 건강하고 성장에 생산적이라 할 수도 있다. 그럼에도 임시적인 완화책들도 가끔은 필요한 것들이기도 하다.

우리가 고독을 다루려고 할 때 그 원인을 파악하는 것은 그로부터 해방되는 데 도움이 된다. 고독의 원인은 아주 많고도 다양하다. 고통, 탈진, 스트레스, 공포, 화남, 죄의식, 병고, 특정한 상황을 고려할 때 내적인 여유의 부족, 선행에 대한 피로, 하느님과의 관계의 거부, 자신에 대한 나쁜 이미지, 하느님에 대한 왜곡된 이미지, 이모든 것이 모두 고독의 원인이 될 소지가 있는 것들이다. 그럼에도 가끔 어떤 확정적인 원인을 알기란 쉽지 않고, 어느 경우가 우리의 신앙과 사도직의 성장에 유용하고 믿을 만한 것인지 알아내기란 그리 쉽지가 않다(『영신수련』 322항 참조).

로욜라의 성 이냐시오와 전문가들은 고독을 처리할 수 있는 어떤 전술을 제공하고 있다. 첫 번째로 요구되는 사항은, 이 체험이 고통스러움에도 불구하고 선을 지향하고 있다는 데 대한 믿음이다. 두 번째로 중요한 사항은 고독

(혹은 유혹)의 움직임들이 아주 미묘하다는 것을 인정하는 것이다. 예를 들면 그것들이 우리의 제일 약한 부분들을 공격하기 때문이다(『영신수련』 327항 참조). 그래서 개인이 혼자서 객관성과 명확성을 유지하면서 고독의 유혹에 빠지지 않도록 피한다는 것은 쉽지 않다는 것이다. 이런 경우에 도움이 되는 전략으로는 고통의 원인에 대하여 친구에게 말하거나 저명한 영적인 지도자를 찾는 것이다(『영신수련』 326항 참조). 이때 동반자의 역할로서는 두 가지 측면이 있는데, 고통을 당하는 사람에게 필요한 도움을 주는 것과 용기를 북돋아 주는 것이다. 고독은 자주 외로운 체험이기 때문이다. 이는 고통받는 당사자를 명확하게 관찰하고 체험의 파괴적인 미묘함을 방지하기 위함이다(『영신수련』 7항 참조).

세 번째로, 적절한 성찰은 고독에 대응하는 데 도움이 된다. 예를 들면 그 체험이 오랫동안 지속된다고 해도 그 체험이 일시적이라는 사실을 인지하는 것, 위안과 고독의 체험은 둘 다 모두 전에도 왔다가 갔다는 것, 그리고 때가 오면 위안이 다시 찾아온다는 것 등이다(『영신수련』 321항 참조). 네 번째로는, 어려운 때에는 어떤 결정을 하지 않도록 하고, 이전의 어떤 중요한 결정을 변경하지 말 것이며(『영신수련』 318항 참조), '인내심을 유지하도록' 노력해야 한다

（『영신수련』 321항 참조). 이렇게 해야만 하는 이유는 이미 제시한 사실로 명확하다고 본다. 우리가 이 고독이 우리에게 악영향을 끼친다는 것을 항상 의식할 수 없고, 고독의 영향들은 치명적인 것들이기에 이것들이 선택을 지배하도록 내버려두면 안 된다는 것이다. 사실 고독이라는 기분의 '흐름의 방향'에 따라서 이전의 결정을 바꾸는 것보다, 오히려 지속적인 기도나 명상, 성찰 혹은 고행 같은 것을 이용하여 거기에 맞설 수 있는 우리의 힘을 강화하는 것이 필요하다(『영신수련』 319항 참조). 예를 들면 많은 이들은 올바른 조건 가운데 단식하는 것이 심각한 고독에 효과적으로 대응할 수 있는 해결책이 된다고 알고 있다.

마지막으로 몇 가지 형태의 고독들이 있는데, 이것은 우리를 거짓 합리성이나 자의적인 죄의식 혹은 회한 혹은 끝도 없이 계속 반복되는 논쟁 속으로 또는 자기기만으로 추락하는 소용돌이로 우리를 유인할 수 있는 능력을 지니고 있다. 이런 경우에는 두 가지 중요한 접근법이 있다. 첫째는 고독이 어떻게 진행되는지 알아차릴 수 있게끔 뒤로 한 발짝 물러서도록 노력하는 것이고(『영신수련』 325-327항 참조), 둘째는 신앙과 신뢰 안에서 하느님께 의탁하는 것이며, 스스로 복잡한 논쟁이나 논란 속으로 빨려 들어가지 않도록 하는 것이다(『영신수련』 324항 참조). 실제 고독이 어떤 형태를 취하든 간에, 건전한 조언을 한다면 대담하게 그에 맞서는 것이고, 그리고 고독 자체의 힘이나 미묘함에 초점을 맞출 것이 아니라 물 위를 걷도록 예수님께 초대된 베드로처럼(마태 14,22-33 참조) 하느님의 전능과 사랑에 의탁하는 것이다(『영신수련』 325항 참조).

어떻든 간에 고독을 처리하는 데 있어 주의해야 할 것은 모름지기 그것으로부터 우리를 분리하지 않는 것일 수 있다. 내버려둔다는 것은 고독을 처리하는 주요 목적이 아니다. 가끔 이 고독은 움직이지 않는 것이고 명확하게 하느님께서 원하시는 경우에는 견뎌 내야만 하는 것이기도 하다. 아무튼 이렇게 고독을 다루는 데 있어서 교훈이나 대비책은 끌어내야 하고 파괴적인 효과는 차단해야 하는 것이다.

고독에 대한 체험은(위안에서도 마찬가지로) 개인의 독특한 생활 방식 안에서 스스로 반복하는 어떤 유형으로 굳어지는 경향이 있다. 과거의 위안이나 고독을 반성함으로써 우리는 가끔 반복하는 경향이 있는 그것들에 대한 응대나 전개되는 사건의 순서를 발견할 수도 있다. 특정한 상황이 고독을 인지할 수 있도록 어떤 유형을 만들기도 한다. 어떤 사람에게는 이것이 반복적으로 고독을 불러일으키게 되는 탈진일 수도 있다. 어떤 사람들에게는 일이나 여가나 기도의 불균형일 수도 있고, 어떤 사람에게는 특정한 관계나 고통에 대한 묵상, 죄의식 혹은 실패, 공포, 내적인 갈망이나 충동, 하느님에 대한 거칠거나 까다로운 이미지 등, 이 모든 것이 모두 고독으로 몰고 가는 힘을 가지고 있다. 앞에서 방금 언급한 고독을 다루기 위한 제안들 역시 미래의 공격에 대비하는 데 도움이 된다. 그것들은 초기 단계에서부터 고독이 반복되는 증상을 드러나게 함으로써 이미 경험한 아주 나쁜 영향으로부터 우리를 지켜 주게 된다.

결론

이번 장의 초점은 우리 삶의 정서적인 차원에 대한 것이었다. 지금까지 우리가 겪는 위안과 고독의 체험을 바탕으로 거기에 주목하고, 해석하며, 그리고 행동하기라는 3단계의 진행 과정에 대해서 살펴보았다. 이 진행 과정은 일상적인 삶에서는 물론 특별한 경우에도 선택해야 할 중요한 결정을 고려한 통합적인 것이다. 느린 동작으로 이 과정을 묘사해 본다면 대단히 복잡한 과정일 것만 같기도 하다. 어쨌거나 실제로는 조금만 인내심을 가지고 이 체험을 살펴본다면 그렇게 복잡하지 않다는 것을 알 수가 있고, 또 사실은 단시간에 습관이 될 수도 있음을 알 수가 있다. 춤추는 매 순간들을 말로써 묘사한다는 것은 비교적 복잡미묘할지 모른다. 하지만 배우거나 실습하는 사람들에게는 그 순간들이 거의 '습관'처럼 되는 것이기도 하다. 식별에 있어서 특별히 중요한 우리의 정서적인 삶의 한 국면이 있는데, 다음 장에서 그게 무엇이고 왜 중요한지 설명하도록 하겠다.

5장

갈망

우리는 앞 장에서 건전한 선택을 위해서는 우리의 감정을 성찰하는 것이 곧 이냐시오 전통으로 우리에게 내려온 그리스도인 식별의 핵심적인 특징이라는 점을 살펴보았다. 우리가 이미 본 바와 같이 식별은 우리가 '위안'과 '고독'이라고 부르는 실질적인 두 가지 정서적인 체험을 분별하는 능력, 그리고 그것들을 통하여 적절하게 행동을 취하는 능력을 말한다. 그럼에도 불구하고 이런 배경에서 갈망이란 것이 특별한 중요성을 가지고 있기에 이 장에서는 그 이유에 대해서 살펴보도록 하자.

갈망[10)]

우리 삶 가운데 한 부분인 갈망과 열망의 일반적인 특성에 주목하면서 시작해 보자. 이 갈망은 우리가 우리를 에워싸고 있는 세상과 계속 상호 교류를 하는 동안에 우리 안에서 일어나게 된다. 갈망을 묘사해 본다면, 우리가 알고 있는 또는 최소한도로라도 알고 있는 어떤 대상을 향한(혹은 혐오하는) 다양한 종류의 실제적인 움직임이라 할 수 있다. 여기서 '대상'이란 말은 반드시 인적人的인 어떤 것을 의미하는 것은 아니다. 우리는 인적인 것이 아닌 다른 대상들을 분명하게 갈망하고 열망할 수 있다. 어린이들은 아이스크림을 원한다. 구두쇠는 돈을 갈망하고 수집가들은 그들에게 가치 있는 수집품들을 열망한다. 우리는 추상적인 자질과 사랑, 완벽함, 성취, 지혜, 정의 같은 이상들을 갈망한다. 하지만 하느님이나 특정한 사람을 갈망의 '대상'이라고 말하는 것은 꼭 그들을 반드시 비하한다거나 혹은 비록 그렇게 할 수 있다고 하더라도 그들을 위격이나 인격적으로 비하하는 어떤 방식은 아니다. 어떤 갈망은 우리 안에서 어떤 '대상'에 대해 하나 혹은 여러 가지로 일어나는 실제적인 반응이고, 이 갈망들은 우리로 하여금 대상들을 즐기거나 소유하게 만들기도 하고 혹은 사람들을 부추기거나 혐오감을 가지지 않게 한다.

우리는 종종 어떤 갈망을 우리가 만든 특정한 양상들과 결부시킨다. 예를 들어 우리는 육적이나 지적으로, 혹은 영적으로 열정과 욕망을 인간이란 존재의 한두 가지의 국면에 따라서 구별한다. 그럼에도 이런 배경을 두고 볼 때 인간이란 존재는 다른 무엇보다도 단일체임을 강조하지 않을 수 없다. 물론 복잡하고 다차원적이지만 그럼에도 불구하고 온전히 하나라는 데는 이의가 없다. 이런 단일성 내에서 서로 다른 우리 인간들의 국면들과 차원들이 존재하고 행동하며 서로 고립되지 않고 상호 의지하는 것이다. 예를 들면 우리를 에워싸고 있는 세계에서 경험하는 사회적이고 문화적이거나 혹은 환경적인 요인들로 인한 사건들이나 변화들은 지극히 개인적으로 내적인 갈망과 열망에 영향을 주는 것이다. 그리고 우리가 '육체적'이거나 '감성적'이라고 묘사하는 갈망이나 욕구들 역시 지적이거나 영성적인 차원에서도 그렇게 하는 것이다. 우리가 우리의 육체를 대하던 꼭 그런 방식으로 정신적인 갈망을 유발하는 것이고, 그리하여 또한 정신적 욕구들은 우리의 몸이나 감정들 안에서 드러나게 되는 것이다.

이 식별과 관련해서 소위 '영성적'인 갈망이라는 것이 몸의 다른 부분과 따로 떨어진 '영성'이라는 구역 안에 있는 것이 아니다. 삶의 전 존재가 영성적이라 할 수 있는 것은 우리가 인지하든 못하든 간에 하느님께서는 우리의 모든 곳에 현존하신다는 사실 때문이다. 만약 우리의 실제 삶이 하느님과의 지속적인 대화와 상호 관계가 하루하루 지속되는 경우라면, 그때는 우리가 경험하는 모든 갈망은 성령과 관계되는 것이고, 모든 것이 식별의 문제가 되는 것이며, 그 어떤 것도 그 자체로는 무관하지 않은 것이다. 실제로 식별이 가능하다는 것은 삶의 모든 서로 다른 차원들이 상호적이고 독립적이지만 하느님께서는 그들 모든 것 안에 현존하시기 때문이다.

우리의 체험을 성찰해 본다면 다른 여러 감정과 함께 열정이나 갈망들이 그 강도나 힘에 있어서 서로 크게 다르다는 것을 알 수 있다. 희미한 의욕 같은 것에서부터 우리를 휘어잡는 힘찬 열정에 이르기까지, 이것들은 우리를 특정한 방향으로 몰기도 하며 우리의 모든 생각이나 말과 행동을 지배한다. 더 나아가 이 갈망들은 다양한 기간에 지속되기도 한다. 어떤 것은 순간적이고 그저 나타나자마자 사라지는 일시적인 환상 같은 것일 뿐이기도 하지만, 어떤 것들은 오랜 기간에 머물며 매일 또는 매달 아니면 일 년 동안 내내 반복적으로 다시 나타나기도 한다.

　의심의 여지없이 인간의 공통적인 체험들 중 하나는 우리가 갈망과 열망에 의해서 어떤 방향으로 이끌려 간다는 사실이다. 이것은 마치 '변심시키는 장난감 가게' 같은 성격을 가진다. 비록 짧은 기간이지만 아주 광범위하고 다양할 뿐만 아니라, 서로 양립할 수 없도록 사람들이나 대상들 혹은 이상적인 것들에 우리를 빠져들게 만들고, 신속하게 때로는 강압적으로 우리를 반대 방향으로 밀치며 열망에 따라 움직이게 만든다. 결혼한 사람들은 그들의 남편들이나 부인들 그리고 남자들이나 여자들 모두에 관한 갈망을 경험한다. 개개인들도 마찬가지로 가난이나 부, 가정생활이나 독신 생활, 방종하게 살거나 하느님이나 타인들을 위하여 자신을 희생하는 삶에 대한 매력을 느끼며 살 수도 있다. 더 나아가 모순되고 양립할 수 없

는 갈망과 기분은 서로를 부추기기도 하고 종종 빠른 속
도로 매혹시키면서 함께 명확히 우리 내부에 존재할 수도
있다. 식별은 우리의 삶이 그들 중 최선에 의해서 형성될
수 있도록 갈망이나 열망을 통하여 감별하는 하나의 방법
이다.

위대한 갈망

그리스도인의 관점에서 우리의 생명과도 같은 갈망에
대하여 성찰해 본다면, 갈망은 우리의 선택은 물론 생활
까지도 추동하고 형성시킬 잠재력을 가지고 있으며, 사실
그 질적인 면에 있어서는 아주 다양하다는 것을 알 수 있
다. 예를 들어 한쪽 끝자락에 있는 갈망은 종종 시시하고
도 보잘것없는 이를테면 자기만족적인 것들이라고 할 수
있다. 반대쪽 끝에 자리한, 예를 들면 로욜라의 성 이냐
시오가 흔히 말하던 '위대한 갈망'은 그리스도와 함께하
는 갈망으로, 온 세상에 하느님 나라가 이루어지도록 다
함께 투쟁하는 것을 말한다. 이 두 극단 사이에는 다양한
갈망의 무리가 자리하고 있으며 서로 간에 상반된 것들도
있다.

식별하는 데 있어서 성찰은 우선 우리가 경험하는 갈망
의 전체 범위를 망라하고, 그것들을 두루두루 다 주의 깊

게 살피도록 도움을 준다. 그러나 그렇게 하는 것은 쉽지 않은 것이, 우리가 좋아하지 않거나 부끄러워 인정하기를 싫어하는 것들도 있기 때문이다. 두 번째로 그리스도인의 관점에서 본다면 성찰함으로써 어떻게 우리의 갈망이 질적으로 크게 다른지를 알 수가 있다. 성찰은 이렇게 해서 결국은 우리의 삶이 스펙트럼의 한쪽 끝에 치우쳐 있는 사소한 것들보다는 '위대한 갈망'에 의해서 우리의 선택이 결정되도록 돕는다. 공허한 몽상가(언제나 남자?)가 대단한 갈망과 비전을 지녔다 해도 이를 결코 이룰 수 없다면 웃기는 사람이나 애처로운 사람이 되고 말 것이다. 그래서 식별에 있어서 중심이 되는 질문은 '우리 삶의 자리 곧 하느님께서 그 안에서 살도록 배려하신 상황을 염두에 두면서 우리가 최고의 갈망을 선택하고 어떻게 그것을 실제 행동이나 생활 방식으로 실현할 수 있을까?' 하는 것이다.

갈망과 정체성

왜 갈망의 식별이 중요한가 하는 주된 이유는 갈망과 사적인 정체성 사이에 존재하는 은밀한 관련성 때문이다. 만약에 내가 다른 사람이 진정으로 누구인지 알기를 바란다면, 그 사람의 역사를 아는 것이 큰 도움이 된다. 그러나 내가 이들 갈망을 이해하기 위해 더 필요한 것은 그 사람의 말이나 행동에서 묻어나는 표현들이다. 궁극적으로 남자나 여자들이 일생에 원하는 것이 무엇인지 알 수 있는 우리가 가진 가장 훌륭한 단서 가운데 하나는 각 사람의 중심에 자리한 신비라 할 수 있는 그 사람의 진정한 자아를 아는 것이다. 그리고 그것은 당사자이든 타인이든 관계없이 사실이다.

이 책에서 반복해서 살펴본 것처럼 개인의 식별은 하느님과 함께하는 실제적 신앙생활 가운데 자신의 갈망을 의식하며 성찰하는 것이다. 갈망은 묵상, 기도, 전례 예식 중에 하느님과 마주할 때나 혹은 어떤 곳에서나 우리 안에 일게 되는데, 때로는 하느님께 반하고, 아마도 어떤 때는 하느님을 사랑하여 우리의 은사들을 다른 사람들과 나누기를 원하기도 한다. 인간 최상의 갈망은 가끔은 보다 피상적이고 모호한 덩어리 속에 꼭꼭 숨어 있기도 하지만, 가끔은 시끄럽게 계속되는 요구나 필요와 동경 등을 통해서 수면 위로 드러나기도 한다. 그래서 시간을 들이고 인내하며 상담 등을 통하여 정상적인 갈망을 알아낼 수 있도록 하는 적합한 종류의 처방이 필요하다. 그래서 내가 앞서 언급한 성찰의 과정은 점진적으로 다양한 갈망과 때로는 상반된 갈망의 성질을 파악하는 데 유익한 것이다. 그리스도인의 관점에서 본다면, 이 성찰의 과정이야말로 그리스도인들이 그것들을 질적으로 구별하고 우리의 선택들과 행동들이 가능하면 최악이 아닌 최선의 갈망을 드러내도록 돕게 되는 것이다.

갈망과 정체성 사이의 은밀한 연계를 놓고 본다면 식별은 두 가지 중요한 결과를 갖는다. 식별에 있어서 성찰이 가지는 첫 번째 가치는 우리의 갈망을 통하여 우리가 누군지 밝혀내는 데 있어서 – 양지나 음지 모두 – 갈망이 우리의 진정한 자아를 보게 한다는 것이다. 성찰은 우리가 자신이나 남을 의식해서 쓰고 있는 가면을 벗게 하여 우리가 진정으로 누군지 대면하게 만든다. 두 번째 가치는 우리가 하느님이 원하시는 대로 무엇인가 되어 가는데 유익하다는 것이다. 우리의 최선의 갈망은 좁게 우리 자신만을 고려하지 않고 하느님의 다스림과 연관되게 하느님이 원하시는 세계와 그 안에서 살아가는 각 개인의 갈망을 반영하게 하는 것이기 때문이다. 그 갈망은 우리를 위한 하느님의 희망과 원의를 우리 자신들의 처지에 맞는 용어로 번역하는 것과 같다. 그러므로 '위대한 갈망'은 우리가 하느님의 원의에 맞춰 우리가 무엇이 되기를 원하시는지를 드러내게 된다. 식별은 최고의 갈망을 무시하거나 버려두지 않고, 오히려 최고의 갈망을 생생하게 드러냄으로써 우리가 말하는 그러한 선택으로 전환되게 하는 것이다. 그래서 우리의 '위대한 갈망'이 하느님의 뜻에 동조한다면 그때는 우리가 선택과 행동으로 실행하여 하느님께서 원하시는 바가 이루어지도록 진행하게 되는 것이다. 그러므로 식별이란 우리가 진정으로 누군지 밝혀낼 뿐만 아니라, 궁극적으로 하느님께서 우리가 무엇이 되기를 원하시는지를 알게 하는 것이다.

갈망의 식별

우리의 갈망은 생명의 요소이며 그 생명은 하느님께서 주신 선물이다. 하느님께서는 우리가 선택하고 행동 방침을 따를 수 있도록 에너지와 추동력을 제공하는 갈망과 열망을 가진 피조물로 우리를 창조하셨다. 갈망 중에서 어떤 것은 하느님께서 우리에게 원하시는 원의에 맞추어져 있는 반면에 어떤 것들은 아니다. 모든 식별의 과정은 하느님께서는 우리가 상반되는 갈망에 따라 쓸데없이 강제되거나 이리저리 질질 끌려다니지 않게 하신다는 믿음과, 적어도 어느 정도는 우리가 원하는 많은 선택을 할 수 있게 허용하시며 원하지 않는 삶의 방향이나 형태를 취하지 않을 수도 있게 허용하신다는 믿음에 기초하고 있다.

앞 장에서 나는 우리의 정서적인 삶에 있어서 감정과

갈망 그리고 그 외의 요인에 따른 감별의 과정을 기술하였다. 복음의 길을 따라 성령의 인도하심에 따르는 데 중요한 갈망들은 직접이든 간접이든 간에 하느님과 상관되고 세계를 다스리시는 하느님과 상관되며 아니면 우리 개인들과도 상관되는 것들이다. 어떤 상황들 속에는 다른 상황들보다 갈망들이 일어날 가능성이 높은 것들이 분명히 있다. 기도, 묵상, 예배 같은 것들은 우리의 깊은 열망들을 쉽게 불러일으킬 수 있는 배경들이다. 그러나 하느님께서 현존하신다면 사실 어떤 사건이나 어떤 상황들 안에서도 그렇게 할 가능성이 있다고 볼 수 있다. 그럼에도 불구하고 이러한 갈망의 감별이 자기성찰의 과정은 아니라는 점을 명심해야 한다. 이것은 우리 행동의 잠재의식들을 들추기 위해서 과거나 현재의 우리 내면을 들여다보는 문제가 아니라는 것이다. 우리가 주의를 기울여야 할 곳은 우리 안에서 발견할 수 있는 갈망과 열망들, 우리 안에서 일어나는 감정들과 그리고 우리를 움직이는 방향이지, 우리 행동의 동기들이나 그것들을 가능케 하는 뿌리가 아니다. 위안을 유발하는 갈망은 우리를 위한 하느님의 원의에 동조하는 것인 반면에 고독은 그렇지 않다. 이렇게 우리의 갈망을 차례로 구별함으로써, 우리가 위안이나 고독을 체험하는 것에 따라서 올바르게 반응할 수 있게 된다.

그러므로 식별에 있어서 우리가 갈망을 감별하거나 성찰하는 목적은 애매한 것에서 명확한 것, 피상적인 것보다 더 깊은 것, 유익하지 않은 것보다는 최상의 것, 거짓된 것보다는 진실한 자아로부터 나온 것들, 하느님의 원의를 반영한 것들을 구별해 내도록 하기 위해서다. 이 성찰은 한편으로는 선택이 자유롭게 결정된 것인가 아닌가를 밝히는 것이고, 다른 한편으로는 효과적인 자유의 영역을 제한하거나 우리를 통제하거나 강제나 무의식적인 필요에 근거를 둔 것은 아닌가를 파악하기 위한 것이다. 갈망이나 열망에 대한 감별은 우리가 자신의 진실한 자아를 드러낼 수 있게 하고, 우리의 선택과 행동들이 그렇게 되도록 추동하는 그런 조건 안으로 인도하는 데 유익하다.

이 과정을 잘 설명해 주는 한 가지 사례를 들어 보자. 내 생각에 내가 일생일대의 전환점을 맞고 있으며, 어느 방향으로 나아가야 할 것인가에 대해서 고심하고 있다고 가정해 보자. 이는 아마도 내가 복음의 길 안에서 성령을 따르라는 쇄신된 부르심을 다시 경험하고 있는 것이다. 내가 지금 성찰해야 할 여러 연관된 요인들은 나에게 가능한 선택들 그리고 각각의 장단점들, 상황, 필요, 주위 사람들의 나에 대한 생각과 느낌들, 아주 가까운 가족들 혹은 공동체, 나 자신의 자질과 능력, 내가 제공할 봉사에 대한 타인들의 필요성, 예수 그리스도의 죽음과 부활 등이다. 그러나 현재 상황이나 복음 말씀, 이 두 가지 모두에 대한 묵상이 내 안에 불러일으킨 갈망에 주목하는 것이 이 식별의 과정에서 특별히 중요한 부분이라 할 수 있다. 만약에 내가 부모라면 내가 가장 원하는 것이 가정생활 안에서 하느님의 다스림에 헌신하는 것일지도 모르고, 반대로 내가 딸린 식구가 없이 자유를 누리며 혼자서 사는 사람이라면 나는 스스로 이 순간에 가난한 사람들 편에 서서 그들과 함께 살고 싶은 깊은 열망을 발견할지도 모른다. 실제적인 삶이나 하느님과 대면할 때 수면 위로 떠오르는 이러한 원의들은 선택을 잘할 수 있게 하는 환경 안에 있다는 중요한 표지들이다. 그 표지들은 내가 진실로 누구이며 내가 무엇이 되도록 하느님께 부르심을 받았음을 알려 주는 지표들이라 할 수 있다.

갈망과 필요

식별을 이해할 목적으로 갈망과 함께 필요를 소환해 볼 필요가 있는데, 두 가지 사이에는 각각 닮은 점과 다른 점이 있다. 지금까지는 의식적인 갈망에 대해서만 논의해 왔지만, 실은 갈망과 필요 모두 의식적인 것과 무의식적인 것이 있다. 의식적이든 무의식적이든 간에 갈망과 필요는 둘 다 모두 우리가 선택하고 행동하도록 하는 추동력과 힘을 가지고 있다. 만약에 내가 돈이나 사랑을 원하거나 필요로 하고 있다면 나는 그런 것들을 의식하고 있다는 것이고, 그것들은 의식적인 갈망과 필요라 할 수 있다. 반면에 내 행위가 나의 내적인 힘에 영향을 받을 수도 있고, 그 내적인 힘을 내가 의식하지 않더라도 그 힘이 나로 말미암아 돈이나 사랑(그 어떤 것에 대한 사랑이든)을 향해 움직이게 하는데, 이들에게는 무의식이라는 용어가 적용되는 것이다.

우리는 의식과 무의식적인 갈망과 필요 사이에서 생기는 갈등을 자주 경험한다. 예를 들어 어떤 한 사업가가 예전에는 생각지도 못했던 어떤 필요성, 즉 그의 일생이 비즈니스 세계에서 성공한 인생의 필요성에 직면하게 되었다 치자. 그와 동시에 만약 그의 의식적인 갈망을 살펴본다면, 그가 진실로 원하는 것은 생존 경쟁에 시달리는 것이 아니라 시골의 어느 아늑한 곳에서 누리는 가족 간의 평화라는 것을 알지도 모른다. 아마도 실은 그가 경쟁적인 비즈니스를 싫어했음에도 불구하고 무의식적으로는 다른 사람들의 눈에 성공한 것을 보일 필요가 있었다는 사실이 그를 사업에 종사하게 한 것이 된다. 그럼에도 그는 무의식적인 필요 때문에 그가 싫어하는 행동을 하도록 내몰린 상황에 갇혀 있게 된 것이다.

식별에 있어서 개인적으로나 집단적으로 우리 행위의 어떤 양상에 영향을 끼칠 수 있는 무의식적인 갈망이나 필요를 깨닫는 데 할애하는 시간은 결코 낭비하는 것이 아니다. 거기에는 몇 가지의 그럴 만한 이유가 있다. 무엇보다도 먼저 우리가 무엇을 선택할 경우 무의식적인 갈망이나 필요가 강하거나 영향력이 세다면 우리의 통찰이나 행위에 영향을 끼치게 된다. 예를 들어 내 일생의 많은 부분이 아직 의식하지는 않지만 어린 시절의 선물이나 필요의 영향을 받고 있다고 가정한다면, 어떤 책임을 지고 있는 어떤 사람에게 적대적이지는 않을 것이다. 이 경우에 다른 상황 안에서 내가 했던 많은 인식과 선택들은, 비록 내가 의식하지 못했다고 하더라도 그러한 선물이나 필요에 의해서 영향을 받았을 것이다. 우리가 의식하지 못한 우리의 갈망이나 필요를 의식하려고 조치하는 두 번째 이유는 그들이 그에 상응하는 공포를 불러일으킨다는 사실 때문이다. 프란시스라는 수도회의 한 회원의 경우를 가정해 본다면, 비록 그녀가 의식하지 않는다 하더라도 무슨 일을 하던 간에 그녀의 많은 행위는 다른 사람들로부터 성공적인 것으로 보이기를 바라는 무의식적인 필요에 의해서 지배되고 있다. 이 필요는 그에 상응하는, 성공하지 못한 것에 대한 두려움, 혹은 성공한 것처럼 보이지 않는 것에 대한 두려움, 실패에 대한 두려움 등의 공포를 가져온다. 만약에 프란시스가 선교를 논의하고 있는 참사 위원이나 공동체의 한 회원이라면, 이것의 필요와 이에 동반하는 두려움은 그녀가 그룹 안에서 참여하는 태도에 영향을 미치기 쉽고, 그녀가 가진 어떤 인식에도 영향을 끼치기 쉽다. 무의식적이긴 하더라도 필요와 두려움이 우월하다면 식별의 결실을 거두는 데 방해가 되는데, 이는 쉽게 왜곡된 인식과 판단을 불러오게 되고 창의적인 선택을 마비시키기 때문이다.

우리의 판단과 선택을 지배하는 무의식적인 원의와 필요에 주목하면서 성찰하는 목적은 그것들로부터 우리 자신을 전적으로 배제하기 위함이 아니다. 그들이 결코 파괴적인 것이 아니라 잠재적인 에너지원이기에 그렇게 하는 것이 바람직한 것도 아니고 가능하지도 않다. 성령께서는 의식적인 것들을 통해서 불 수도 있고 무의식적인 원의와 필요에 따라서 불 수도 있는 분이시다. 중요한 사실은 무의식적인 충동이 있어서는 안 된다는 것이 아니라 그것들이 무엇인지를 인지하는 것이다. 그런 것을 인지하는 것은 바람에 나부끼는 나뭇잎처럼 쓸데없이 우리를 충동하는 그것들의 힘을 빼는 데 도움이 된다. 그러므로 식별이라는 관점에서 본다면, 무의식적인 원의와 필요를 성찰하고 인지하는 목적은 하느님과 끊임없이 대화한다는 배경을 전제로 그것들을 감별할 수 있고, 억압적이고 파괴적인 것들(고독의 근원)로부터 진정으로 창의적이고 해방하는(위안의 근원) 것들을 구별하며, 우리가 진정으로 원하는 더 큰 선을 담보하는 삶의 방식이나 행동 양식을 위해서 위안의 힘을 활용하기 위함이다. 이 수단으로 무의식적인 충동에 휘둘리는 대신에 우리의 삶을 이끄시는 성령과 함께 협력하여 보다 나은 지위를 확보하게 된다.

6장

예수님처럼 사랑하기

앞의 두 장에서는 그리스도인의 식별에서 이루어지는 우리 본능의 정서적인 차원 즉 우리의 기분, 감정, 원의, 애착, 열망 등등에 대하여 자세히 살펴보았다. 그러나 그것이 전부가 아니라는 이해를 바탕으로 해야 한다. 인간은 감정적인 존재일 뿐만이 아니라 이해와 논리적인 논쟁, 성찰과 판단 그리고 평가 등과 관계를 맺고 있다. 우리는 '가슴'과 '머리' 두 가지로 이루어져 있다. 그래서 이번 장에서는 우선 이 존재와 활동이라는 차원을 식별하는 데 있어서 똑같이 중요한 역할을 하는 이런 점들에 대하여 우리의 관심을 집중해 보려고 한다. 어떤 사람들은 기질, 유전 및 천성적 성향에 의한 마음에 의해서 통제되는 것 같고, 어떤 사람들은 머리에 의해서 통제되는 것 같다. 식별의 그리스도교 전통은 이 마음과 머리의 균형 잡힌 동반자적 관계를 놓치지 않으려 애쓰고 있다.

이해, 판단, 평가

이해하고 판단하며 평가하는 우리의 능력은 식별에 있어서 세 가지 방법으로 작동하기 시작한다. 첫 번째는 정보를 모으는 것이다. 식별은 선택하는 것이고 선택은 그들을 잘 알고 있을 때에 가능하다. 그러므로 유용하게 식별하려면 의사 결정을 하는 과정에서 정보에 입각한 선택을 할 수 있도록 관계되는 가능한 모든 정확한 정보들을 수집하는 것은 당연하다. 실제로 이 탐구적인 실행으로 사용 가능한 옵션의 범위가 변화하게 된다. 첫눈에는 가능한 옵션처럼 보였던 것이 실행 불가능한 것으로 나타나고 이전에 고려 대상이 아니던 옵션이 소개됨으로써 변동이 이루어지는 것이다. 그래서 일상적인 선택이나 중대한 결정 사항 두 경우에 있어서 주위의 환경이나 가능한 옵션에 대한 적절한 정보를 가지는 것은 매우 중요한 것이다.

두 번째는 당연히 우리가 이해하고 추리하며 서로 비교하고 대조하며 판단이 이루어지도록 할 수 있는 능력으로, 앞의 두 장에서 논의해 왔던 하느님과 우리의 삶에 대한 우리의 정서적 반응에 대한 성찰 과정이다. 이 과정은 어떤 느낌을 해석하고 견주어 보기 위해서 한발 뒤로 물러설 수 있는 어떤 능력도 전제하고 있다.

책임 있는 의사 결정, 정부의 내각 회의에서부터 부엌 식탁에서 이루어지는 가족회의에 이르기까지 사람들이 서로 다른 옵션들을 놓고 선택하게 될 때 저마다 찬성이나 반대하는 이유들을 내세우며 토론하는 것은 현명하다. 그래서 이것이 우리가 식별의 과정에 참여하는 세 번째 방법이 된다. 이것은 우선 가능한 옵션에 대한 찬반 양쪽의 모든 의견을 듣는 것으로, 아래와 같은 방법이다.

(1) 가능한 옵션 중에서 한 가지를 선택하기
(2) 이 옵션에 찬성하는 이유와 논의를 신중하게 살펴보기
(3) 이 옵션에 반대하는 모든 이유와 논의를 신중하게 살펴보기
(4) 이렇게 신중하게 한 가지 선택에 도달할 때까지 이 과정을 반복해 보기

　물론 한 가지 선택에 수적으로 더 많은 찬성이 있다는 사실 자체가 그 옵션을 반드시 채택해야 한다는 것을 뜻하지는 않는다. 중요한 질문은 서로 상관성이 있는 각종 이유나 논쟁의 가치 혹은 무게라 할 수 있다. 감별의 과정에서는 비교적 느릴 수도 있고, 지금처럼 아니면 이제 또다시 다른 고려 사항이 더 중요할 수도 있는 것이다. 어떻든 궁극적인 목적은 어느 옵션이 찬성하는 이유와 주장을 더 무겁게 가지고 있느냐 하는 옵션의 감을 잡게 하는 것이다.

　통상적으로 선택에 대한 이유와 주장에 무게를 다는 과정은 위안과 고독의 경험을 선별하는 과정과 함께 작동한다. 그럼에도 결정을 신중히 하는 사람들도 가끔 위안이나 고독에 대한 어떤 정서적 반응을 나타내지는 않는 것

같다. 이것은 아마도 그 선택이 순수하게 이성의 바탕 위에서 이루어져야 하기 때문일지도 모르겠지만, 그러나 그 상황은 신중한 처리를 요하는 것이다. 만약 어떤 사람이 하느님의 말씀에 침잠하는 가운데 기도 중이라면, 사람들은 그 사람이 위안이나 고독을 체험하기를 기대할지 모르겠으나, 하느님께서는 성경 혹은 여타의 형태로 우리와 간접적으로 접촉하시기 때문에 이것들은 단지 하느님에 대한 우리의 정서적인 대응일 뿐이다. 하지만 선택해야 할 때 우리가 의식적으로나 무의식적으로나 어떤 감정에 저항하거나 혹은 감정을 피하려 할 가능성이 있는데, 왜냐하면 그것들이 고통스러울 것이고, 모든 논의를 이성적이고 지성적인 수준에서 하려 하기 때문이며, 그렇게 하는 것이 안전하고 덜 위험해 보이기 때문이다. 이 경우에는 어떤 방법으로든 하느님의 말씀과 접촉할 수 있는 묵상 기도가 중요한데, 우리가 '머리에서 가슴으로 움직일 수 있는' 여건을 조성해야 하기 때문이고, 위안이든 고독이든 간에 정서적인 반응이 서서히 일어날 수 있기 때문이다.

규범의 필요성

이 장에서는 식별 안에서 이루어지는 우리의 이해력, 논리적인 사유, 여러 가지 고려 사항에 대한 비교 검토,

합리적인 논거에 근거한 판단 등의 부분을 살피고자 한다. 어떤 옵션의 찬반에 대한 논쟁이나 이유 같은 그러한 서로 다른 비교적 중요한 요인들을 다룰 때, 그리스도교적인 입장에서 고려해야 할 점이나 하나의 옵션이 다른 것보다 더 중요하다는 것을 평가할 수 있는 적당한 규범이 필요할 것이다. 우리는 어떤 판단의 근거를 가지고 말할 수 있어야 한다. 더 구체적으로 말하자면 내가 나의 미래에 대한 아주 중요한 결정을 해야 할 경우를 가정하고, 나의 옵션 중 하나가 남아프리카에 가서 일하는 것이라고 가정해 보자. 내가 이 특수한 옵션에 대해서 비교적 중요한 찬반의 이유를 다루고 있을 때 나에게는 하나의 가치나 규범이 필요하다. 예를 들면 이 규범이 정치·사회적으로 격변하는 시국에 어떤 집단을 위하여 남아프리카에서 사목적인 직무를 수행하는 것이 런던에서 책을 집필하거나 가르치는 것보다 다소간 더 중요한 것인가를 결정하게 할 것이다. 그리하여 우리의 식별에 관한 이 토론을 위해서는 우리가 성찰하는 과정에서 드러나게 되는 비교적 중요한 옵션이나 이유와 논쟁을 다루는 유용한 기준을 살펴봐야 한다.

다시 그 물음을 약간 다른 용어로 언급해 보자. 식별은 우리가 더 큰 선이라고 믿는 상황에서 그 옵션을 선택하고 실행할 수 있게 한다. 이따금 있는 일이기는 하지만 만약에 한두 가지의 유해한 것 중 대안으로 한 가지만을 택해야 한다면, 그때 목표는 차악을 선택하는 것이다. 이것은 어떤 선택지가 더 큰 선을 구현하는 것인지를 판단하는 것을 말한다. 그리고 그런 판단을 내리기 위해서는 이것을 뒷받침할 수 있는 어떤 도움이 되는 규범이 필요하다. 달리 말해서 만약 내가 모든 것을 고려해 볼 때, 이 특수한 상황에서 옵션 X가 옵션 Y나 Z보다 최선(혹은 차악)이라고 판단한다면, 왜 그렇게 해야 하는지를 설명할 수 있어야 한다. 내가 무엇을 근거로 평가했는지 설명할 수 있어야 하는 것이다.

우리는 이미 위안과 고독에 대한 체험이 그것을 판단할 수 있는 근거를 제공한다는 점에 대해서 알아보았다. 정말로 어떤 사람이 진실로 복음을 살아 내려고 노력하고 성령께 마음을 열려고 노력하고 있다면 위안의 체험은 어디에 더 큰 선이 놓여 있는지를 가리키게 되고, 반면에 고독의 체험은 더 큰 선으로부터 우리를 멀게 하려는 경향이 있게 된다. 이것들이 대단히 중요하기는 하지만, 그것들은 개인적이고 주관적인 판단 기준들이다. 이것들과는 아주 다른, 우리가 이러한 평가를 할 수 있는 외적이고 객관적인 기준이 좀 더 필요하다. 우리는 '나는 X가 Y

보다 ~ 때문에 더 좋은 것이라 믿는다'고 말할 수 있어야 하고 이유를 댈 수 있어야 하며, 자기 자신만의 느낌과는 달리 다른 사람들도 인정할 수 있어야 한다.

로욜라의 성 이냐시오는 『영신수련』을 통해 하나의 좋은 선택을 제공하는 부분에서, 각기 다른 옵션 중에 좋은 것을 판단할 수 있는 주요한 근거라고 생각되는 기준을 제시하였다. 수련 과정 중에 여러 가지를 선택해야 하는 사람들을 돕기 위한 목적으로 그가 제안한 규범은 한결같은 것으로, 하느님께 '더 큰 영광과 찬미'를 드릴 수 있다고 믿을 수 있는 옵션을 선택하는 것이다.

나는 내가 선택하려고 염두에 두고 있는 그 어떤 것이든, 어느 한편에로 기울지 않고 하느님께 찬미와 영광을 드리고 내 영혼의 구원에만 더 유익하도록 평형 상태의 균형을 잡아야 한다(『영신수련』 179항; 152항, 169항, 180항, 189항 참조).

이냐시오에 의하면 이 논리는 간단하다. 그 자신의 말로 표현하자면, 우리 각자가 창조된 목적은 '우리가 존재하고 행하는 모든 것을 통하여 하느님을 찬미하고 공경하며 봉사하는' 것이라고 그는 믿는다(『영신수련』 23항 참조). 그의 지침에 따르면 이냐시오는 한 사람이 여러 가지 옵션 중에서 하나를 선택한다고 가정했을 때, 어느 쪽이든 시행되면 '하느님께 찬미와 흠숭과 봉사를 드리는 셋'이라 추정하는 것이다. 그러므로 분별 있는 선택은 하느님께 더 큰 '찬미와 영광'을 드리는 것이라고 그 사람이 믿고 있는 옵션을 선택하는 것이다.

영신수련을 하는 동안 선택해야 할 처지에 있게 되는 사람들은 이 규범을 고려해 보아야 할 지점에 이르게 되고, 그들은 또한 예수님의 직무와 생애, 죽음과 부활에 대한 복음서를 두고 계속 묵상을 하게 된다. 그들은 복음과는 다른 장면을 두고 스스로 상상하기도 하면서 올바른 선택을 하기 위하여 예수님의 생애와 업적이 그들이 택할 옵션에 빛을 비출 수 있게 한다. 그러므로 복음서는 '하느님께 더 큰 찬미와 영광'을 드릴 가능성이 있는 옵션 중에서 그것을 판독해 내는 데 도움이 된다.

예수님께서 사랑하신 것처럼 사랑하기

비교적 중요한 판단을 할 수 있는 근거가 되는 것으로 내가 한 가지 제안하고 싶은 원칙적인 규범은 예수님의 생애와 업적 및 죽음과 부활을 통해서 발견할 수 있는 '사랑'이다. 그것은 우리가 특정한 옵션에 찬성하거나 반대하는 다양한 이유 중 상대적인 중요성을 고려했을 때 그리스도인 관점에서 X라는 이유가 예수님의 생애와 업적 및 죽음과 부활에 나타나 있는 사랑을 충만하게 간직하고 있다면 Y보다 훨씬 더 중요하게 생각해야 한다는 것이다. 마찬가지로 모두를 고려해 볼 때 그 옵션이 우리가 처한 상황에서 예수님의 사랑을 최고로 완전하게 드러내는 것이라면 더 큰 선이라 할 수 있게 된다. 이제 우리는 P가 Q보다 예수님이 간직한 사랑을 더 완벽하게 반영하기 때문에 P가 더 무게 있는 것이라고 말하게 된다. 하나의 대안으로서 하느님의 다스림에 대한 복음적 비유가 예수님 생애의 목적과 의미를 요약하고 그것을 형성한 사랑의 모든 면을 드러내기 때문에, 복음적 의미가 충만한 '하느님의 다스림' 역시 식별에 있어서 그 규범으로서 받아들일 수 있게 된다. 이 경우에 P가 Q보다 더 중요한 것으로 보이거나 아니면 Q보다 더 큰 선을 간직하고 있는 것으로 보일 수 있는데, 이는 P가 특별한 상황에서 '하느님 나라'를 구현하는 데 더 가깝기 때문이다.[11]

아마도 우리가 아래의 물음에 어떻게 접근하고 있는지 유의해 보는 것도 중요하다. 이것은 '완벽주의적인 영성가'의 길을 따라가는 문제가 아니라면서도, '우리는 예수님의 생애와 죽음과 부활 가운데 일반적인 혹은 완벽한 사랑의 이상을 찾아내서 어떠한 상황 안에서도 거기에 이르도록 분투하고 있다'고 한다. 그러나 지금 우리가 하는 접근은 이와는 다르다. 우리가 하는 것은 하느님의 말씀에 입각한 기도 생활을 기반으로 비교적 더 좋은 선택을 하기 위함이고, 위안과 고독의 경험들과 가능한 각 옵션에 대한 찬반의 이유들을 가지고 모든 요소를 숙고하기 위함이다. 그리고 두 번째로 그 선택을 근거로 하여 주어진 한계 상황들과 모든 가능성을 고려하면서 예수님의 생애와 활동과 죽음과 부활 가운데 드러난 가장 충만한 사랑을 드러내고 하느님의 다스림을 간직한 옵션을 선택하게 하려는 것이다.

예수님의 공생활은 사랑으로 점철되어 있다. 모든 복음서는 그분을 두고 '모든 것이 하느님으로부터 오는 무상의 선물로 인식하는 분'으로 묘사하고 있다. 그분의 지상 생활과 죽음은 그 사랑에 대한 그분 자신의 개인적인 응답이다. 한편으로 복음서들은 그분을 세상과 백성들과 자신에 대한 하느님 사랑의 정도와 질에 대한 자신의 자각으로 형성되었다고 묘사하고 있으며, 다른 한편으로는 하느님의 사랑에 대한 자신의 응답인 '사랑의 법칙'에 의해서 형성된 분으로 소개하고 있다. "'그러므로 너는 마음을 다하고 목숨을 다하고 정신을 다하고 힘을 다하여 주 너의 하느님을 사랑해야 한다.' 둘째는 이것이다. '네 이웃을 너 자신처럼 사랑해야 한다.' 이보다 더 큰 계명은 없다"(마르 12,30-31).

예수님의 직무에 대한 복음서의 설명에서 볼 때, 예수님은 어떠한 형태로든 인간의 고통과 필요에 특이할 정도로 민감하게 관심을 가지셨다는 것이 명백한 사실이고, 이것은 세상을 보시는 눈이 하느님의 사랑에 의해서 형성된 것이라는 확실한 표시이다. 아마도 가난한 사람들이 예수님께 모여들거나 여행할 때 함께 따라다닌다는 복음의 이야기는, 예수님께서 그들을 돕는 분이실 뿐만이 아니라 그들을 이해하고 받아들이시는 분으로 인정했다는 사실을 반영하고 있으며, 아주 특이한 방법으로 함께하셨음을 말하고 있다. 그분은 가난하고 불쌍한 사람들과 음식을 나누고, 미소한 자들을 사랑하시며(마르 2,15 참조), '거리의 여인'이 발을 씻도록 허용했다고 비난을 받기도 하셨다(루카 7,36-50 참조). 그들과 모든 이들에 대한 그분의 사랑은 하느님으로부터 받은 모든 것을 그들과 나누시도록 한 것 같다. 어떠하든 간에 그분은 가진 자로서 형편이 없는 사람들에게 배급하는 자선가처럼 그 자신의 재능을 나눈 것이 아니다. 그분은 같은 처지의 부서지고 가난한 사람들, 특별히 가장 가난한 사람들 편에서 그들의 형제자매로서 봉사하는 분으로 자리매김하였다(마르 10,42-45 참조). 군중과 음식을 나누는 예수님의 이야기(마르 6,30-44; 8,1-10 참조), 그리고 요한 복음서에 기록된 제자들의 발을 씻는 그분의 행동은 그분의 일생 안에 있는 사랑과 사랑의 힘을 증명하고 있다.

예수님의 십자가는 예수님의 탁월한 사랑의 상징이다. 십자가는 그 사랑의 본성과 고귀함을 동시에 드러내고 있다. 예수님의 사랑이 원수들에게서 도전받았을 때나 추적이 시작됐을 때 그는 포기할 수도 있었다. 죽기 전 언제라도 철회하고 자신을 구할 수 있었다. 그럼에도 사실 어떤 대가를 치르더라도 그 사랑을 지속했고, 일생을 바쳐 온 힘을 다해 사랑의 가치를 온전히 확고히 하였다.

신학자들은 예수님께서 인간들 자신이 스스로 무엇인지 이해하도록 돕는다고 언급한다. 그것은 말하자면 예수님의 죽음과 부활, 생애 안에서 하느님께서 원하시는 인간성이 집단적으로나 개별적으로나 어떤 것인지 그 그림을 우리가 볼 수 있다는 것이다. 예수님 안에서 진실로 인간이 된다는 것이 무엇을 의미하는지 그 모형을 볼 수가 있다. 내가 여기서 간단히 서술한 사랑은 예수님의 삶에 형태와 방향을 준 것이기에, 예수님께서 사랑하신 것

처럼 사랑하라는 것은 하느님께서 우리에게 바라는 대로
이행하는 길이고, 하느님께서 원하시는 사람이 되는 법
인 것이다. 우리가 본 바와 같이 식별에 있어서는 두 가
지 형태의 반성과 두 종류의 요인들이 있는데, 둘 다 잘
선택하는 데 사용된다. 위안과 고독의 체험에 대한 성찰
은 우리가 선택하는 데 있어서 형태와 방향을 잡을 수 있
도록 개인적이고 주관적인 안내를 해 준다. 반면에 돌아
가시기까지 예수님을 인도하고 생명을 불러일으킨 사랑
은 더 객관적인 규범을 제공하는 것으로, 우리가 필요로
하는 가능한 선택의 찬반에 대한 여러 가지 이유들의 합
리적인 비중을 평가하는 데 도움이 된다. 그리하여 이들
요인들이 점진적으로 상호 관계하면서 이 옵션들 스스로
가 그 중요성을 인식하게 되는 것이다. 이 두 가지 형태
의 성찰과 서로 간의 상호 작용을 통해서 '그리스도의 마
음(그리고 심장)'(필리 2,5-11 참조)을 가질 수 있게 되고, 예수
님의 일생에 점철된 사랑으로 우리의 마음을 형성할 수
있게 된다. 이것이 성령의 춤사위에 참여하는 것이고, 개
인적이나 집단적으로 하느님께서 원하시고 그렇게 되시
기를 바라시는 백성의 길로 향하게 하는 것이다.

식별의 규범으로서 하느님의 어리석음

예수님의 삶을 형성했던 사랑은 그분을 십자가로 이끌

었고, 십자가는 그 사랑의 탁월함의 상징이다. 이렇게 해서 이번 장에서 우리의 논의가 앞서 이 책에서 이미 한 번 이상 도달했던 꼭짓점에 이르게 되었지만 그 경로는 다르다. 예수님의 죽음은 하느님의 사랑과 지혜의 표지이지만, 종래의 인간 방식대로 생각하고 행동하는 평범한 사람들에게는 스캔들이요 웃음거리다. 그 십자가와 사랑은 하느님의 방법은 우리와 다르고, 하느님의 생각도 우리의 생각과 다름을 말해 준다. 우리가 본 바와 같이 식별에 있어서 진실한 위안은 우리가 십자가의 방법으로 예수님 사랑의 모범을 따르도록 이끈다. 우리의 선택을 이끄는 이와 같은 사랑을 순전히 주관적인 규범으로 받아들이지 않게 되면 우리의 삶은 같은 하느님의 신비스러운 지혜에 의해서 형성되는 것이다. 그러므로 그리스도교인의 식별은 신중함이나 상식적인 것들이 말하는 한계를 스스로 짓지 않는다. 이것은 신중함이나 상식이 명확하게 필요 없어진다는 것을 말하고자 함은 아니다. 우리가 본 바와 같이 그것들도 식별에서 담당하는 역할이 있는 것이 사실이고 신중한 방법은 가끔은 또한 그리스도교적인 진실한 사랑의 방법이기도 하다. 우리의 선택을 위한 최고의 안내는 주로 신중함이나 특정한 이념이나 전통적인 지혜가 아니라 실제로 무엇을 의미하는지 우리 자신이 공감하는 것처럼, 지금 여기서 예수님이 사랑했던 것처럼 사랑하는 것이다. 이것이 춤을 추게 하는 음악이다.

사랑과 정의

사랑은 사람들이 그들의 삶에 직접적으로 손길이 닿는 이웃을 대하는 방식과 관련이 있다. 그리스도인으로 산다는 것은 예수님께서 가르치고 살아 내신 그런 사랑으로 우리의 모든 인간관계를 유지하도록 노력하는 것을 의미한다. 더 나아가 예수님께서 사랑하신 것처럼 사랑한다는 것은 또한 정의를 포함한다. 왜냐하면 이웃들이 누구든 간에 하느님 아버지의 아들딸이요, 예수 그리스도의 형제자매이기에 그들을 품위와 존경으로 대하는 것을 의미하기 때문이다.

그리스도교인의 사랑은 당연히 삶의 대인 관계에만 관심이 있는 거라고, 또 그래야 한다고 말하는 사람들이 있을 것이다. 어떻든 그리스도인이 된다는 것이 무엇을 의미하는지 확장되고 점점 커 가는 인식으로서 최근에 발전된 한 이해로는, 사랑은 제도적이며 구조적인 차원을 가지고 있다는 것이고, 더 나아가 이것이 선택 사항이 아닌 진정한 그리스도인 사랑의 필수적인 부분이라는 것이다. 모든 사람의 삶은 사회 문화적 시스템인 제도와 구조에 의해서 지탱된다. 그것들에 의해서 발생하는 요인들은 정의의 한쪽 조건인 평화, 자유와 사랑, 그렇지 않으면 정의의 반대쪽인 부당함, 노예 상태, 착취나 억압이다. 그러므로 예수님께서 사랑하신 것처럼 사랑하는 것이 의미하는 것은 하느님께서 주신 은총과 우리 자신이 처한 상황 안에서 우리 각자나 세상의 모든 이들이 그들이 누구든 하느님 아버지의 아들딸로서, 예수 그리스도의 형제자매로서 그들의 품위를 지키며 삶의 고귀함을 즐길 수 있는 세상을 유지하고 창조하는 데 공헌하도록 부르심받았다는 것이다.

그리스도교의 사랑을 이해하는 데 우리는 변화를 겪고 있다. 오늘날 우리가 식별하려 할 때, 사랑이 우리의 선택을 인도하는 규범이라면 사랑에 대한 인식을 이웃 사랑의 영역으로만 제한하는 것은 분명히 잘못일 것이다. 오늘날 그리스도인으로 불렸다는 것은 우리 자신의 능력과 상황 및 한계 안에서 우리 각자가 예수님이 가르치시고 실행하셨던 사랑과 정의를 품고 구현할 수 있는 사회 문화적인 구조와 제도들이 갖춰진 세상을 만들고 창조해 가도록 협력해야 한다는 점을 더 인식해 가고 있다는 점이다. 이것은 우리가 매일 하는 선택이나 중대한 결정에 대하여 식별할 때 마주치게 되는 비교적 중대한 옵션에 대한 우리의 모든 판단에서도 중요하게 고려되어야 할 사항이다. 오늘의 세상에서 예수님께서 사랑하셨던 것처럼 사랑한다는 것은 그가 누군지를 불문하고 각자 할 수 있는 한 모두가 하느님 아버지의 아들딸로서의 자유와 정의를 누릴 수 있는 사회와 문화를 조성해 가는 데 우리가 직면한 그런 옵션을 중요시해야 한다는 것을 의미한다.

선택하는 실제 방법들

식별에 대한 설명의 여러 단계에서 우리가 살펴본 바와 같이 인간 생명이 실제로는 각각 분리할 수 없지만, 인간 개체의 기본적인 단일성과 두 차원은 정서적으로나 이성적으로 상호 작용하고 함께 작동하는 것이라고 설명하였다. 그래서 지금까지 이 마지막 세 장에서는 대체적으로 분명하게 강조하기 위해서 우리의 어느 정도 서로 고립된 모든 활동의 정서적이고 이성적인 차원에 관하여 초점을 맞추며 생각해 보았다. 나는 이번 장에서 우리의 정서적이고 이성적인 면들이 함께 작용한다는 식별의 실제에 대한 설명을 마무리하고자 한다. 우리가 부서진 두 조각을 다시 한 번 조립해 보자. 세 가지 사례를 들어 설명해 보도록 하겠다.

(1) 브리짓과 매튜는 결혼하여 아홉 살과 열한 살이 된 두 아이를 두고 있다. 매튜는 배관공이다. 아이들을 갖기 전에 브리짓은 학

교 급식소에서 매니저로 일했는데, 첫 아이가 태어나고는 그 일을 그만두었고, 그 후 어머니와 가정주부로 살았다. 지금은 그 아이들이 나이가 들었고 학교에서 하루 종일 시간을 보낸다. 그래서 브리짓은 적어도 하루 종일 주부로서 보내기보다는 다시 밖에 나가 무엇인가 일하고 싶은 생각이 들었다. 그래서 그녀와 매튜 둘 모두 이것은 아주 중요한 결정이라 느끼며 기도 중에 함께 신중하게 고민하였다. 마침내 매튜가 브리짓에게 '당신이 무엇을 결정하든 기꺼이 따르겠다'고 말한다. 그녀는 신약성경을 앞에 놓고 한동안 거의 매일 기도하며 지냈고, 예전에 그랬던 것처럼 각 구절이 시작될 때마다 하느님께 물음을 제기하며 하느님 손에 맡겨 드렸다. 가끔은 그녀에게 주어진 가능한 각각의 옵션들에 대하여 그녀가 그동안 느낀 점들에 대하여 주의를 기울이며 성찰도 한다. 특히 기도 중에 일어난 느낌에 대해서는 특별히 신경을 쓴다. 그녀는 열정, 용기, 감사, 평화에서부터 두려움, 죄책감, 분노, 실망 등에 이르기까지 광범위하고 다양한 느낌을 통과하고 있다는 것을 알게 된다. 어느 날 저녁, 아이들이 잠든 다음 책상 앞에 앉아 종이와 펜을 집어 들고 가능한 옵션들의 찬반에 대하여 생각나는 대로 이유들을 써 내려간다. 그녀는 그녀가 예수님의 일생과 죽음 안에 나타나는 사랑을 그녀에게 드러내는 것 같은 그런 선택을 하고 싶다는 것을 알게 된다. 점차 그것은 그녀가 특정한 옵션을 선택하게 하는 이유와 주장의 상대적 무게와 함께 위안에 대한 그녀의 경험이 누적된 효과이다. 일단 결정이 내려졌어도 그녀는 그 문제를 같은 방법으로 일상의 기도 안에서 다룰 것이다. 그렇게 되면 그녀가 내린 선택이 그녀 자신과 가족 그리고 그들 모두를 위한 최상의 원의에 들어맞는 것임을 느끼게 된다. 점차로 그 결정에 대한 그녀의 두려움, 죄책감, 불안감이 줄어들었다.

(2) 매기와 켄은 대도시 교외의 한 낡은 주택에 살고 있다. 그 주택 단지는 도시 중심가의 슬럼가를 깨끗이 정리해야 한다는 것 때문에 난처한 처지에 몰리게 되었다. 이곳은 실업률이 높은 다문화 지역이다. 켄과 매기는 결혼 6년 차에 두 아이를 두고 있다. 켄은 4년 반 전에 정리 해고된 후로 직장을 잡지 못했다. 매기는 가정주부와 어머니가 되어 모든 시간을 다 거기에 소비하게 된다. 그녀는 또한 교회에도 잘 다니고 있으며, 지역 수도원에서 젊은 엄마들을 위해서 매주 개최하는 작은 기도 모임에도 참여하는 기쁨을 누리고 있다. 그녀는 그곳에서 성경에 대하여 학교에서 배운 것보다 훨씬 더 많은 것을 배우고 있으며, 복음을 이용해서 기도하는 법을 배워 왔고, 집에서 잠시라도 조용할 때면 언제나 즐겨 시행하고 있다. 몇 년간 직장 없이 산 것이 켄에게 악영향을 주었다. 자주 음주를 즐긴 탓에 드디어 심각한 지경에 이르렀다. 집 밖에서 주로 시간을 보내게 되었고, 두 차례나 매기를 때리려고 손을 들었다. 매기와 켄은 이런 상황에 대하여 서로 조용히 이야기해 보려고 시도했지만 오래 버티지 못했다. 몇

차례 심각한 다툼 끝에, 드디어 매기는 아이들을 데리고 켄과 따로 살아 보려는 생각을 심각하게 고려하기 시작하였다. 그녀는 이것을 두고 기도하면서 수면 위로 떠오르는 강한 느낌에 놀랐다. 그녀가 한 여성으로서 혼자 힘으로 한 번도 살아 보지 않았다는 사실을 알고는 화가 난다. 그녀와 가족이 가난하게 살게 한 사회적인 환경에도 화가 난다. 이러한 조건들을 아주 쉽게 받아들인 것 같은 교회에도 화가 난다. 여러 방면에 갇혀 버린 남편 때문에 슬프다. 결혼 때 했던 서약과 남편과 헤어지는 것을 생각할 때 죄책감과 좌절감과 실패감이 든다. 켄의 음주벽에서 벗어난다는 생각으로 득의만만함이 있지만 그로 인한 죄책감도 있다. 켄과 함께하거나 켄 없는 미래에 대한 두려움도 있다. 이 모든 느낌과 다른 많은 것들 때문에 그녀는 머리가 복잡하다. 그녀는 자기의 느낌들에 대하여 기도 그룹의 인도자와 이야기를 나누었다. 그녀는 고요함을 느끼는 가운데 켄을 떠나야 하는 이유와 떠나지 말아야 하는 이유에 대하여 어떻게 명확하게 생각할 수 있는지 차근차근 알려 주었다. 차츰차츰 복음을 가지고 기도하고, 그녀의 오랜 기간의 느낌들과 생각들을 통하여 매기는 결정을 내린다. 그녀가 무엇을 할 것인가 결정하고 나서 매기는 스스로 평화를 되찾았지만, 아직도 여전히 두려움과 성남, 죄의식 등을 겪기가 쉽다.

(3) 프랭크는 엔지니어링 회사의 감독이다. 한 주간에 이틀이나

사흘에 한 번 정도 일상생활에 대한 반성을 위해 십오 분 정도의 조용한 기도 시간을 가진다. 그는 복음서의 구절을 읽거나 시편을 거의 규칙적으로 왼다. 이 반성의 기도 중에 그의 삶에 대한 은혜와 주어진 모든 것에 대한 감사의 마음으로 그는 지난 이삼일 동안의 모든 사건과 이 사건들에 대응하여 위안과 고독에 대한 체험을 소환해 낸다. 그는 자기가 결정한 매일의 선택을 살펴본다. 그는 성령께서 그를 어디로 이끄시는지 알고, 그가 어떻게 거기에 응대했는지 알기 위하여 애를 쓴다. 그는 위안의 체험을 바탕으로 행동하고 고독에 따라 결정되지 않도록 노력한다. 또한 그는 복음서의 예수님과 자신과의 사이의 조화와 부조화에 대하여 신경을 쓰고, '이런 경우에 예수님은 어떻게 하실까?' 하며 스스로 질문을 던진다. 그는 이런 식으로 3년 동안이나 규칙적으로 기도해 왔고, 그 기간 얼마나 자기의 삶이 천천히 그러나 확실하게 변화되었는지 주의를 기울인다.

이상의 세 가지 예들은 기도 생활을 한다는 것을 전제로 하고 식별을 통해서 선택을 하게 되는 과정에서 일어나는 실제적인 특징들을 잘 보여 주고 있다. 이들에 대하여 조금 부연하자면 첫 번째로, 결정하기 위한 직접적인 시도는 성경, 그중에서도 특히 신약성경을 통해서 드리는 어느 정도 풍성하고 규칙적인 기도다. 이렇게 하느님의 말씀과 특히 예수님의 삶과 죽음과 부활로 나타난 사랑이 선택을 할 때 도움이 되는 시야를 제공해 준다. 두 번째로, 위안과 고독에 대한 각 사례별 반성과 다양한 옵션에 대한 찬반의 이유에 대한 성찰은 궁극적으로 누적된 효과를 바탕으로 선택이 이루어지도록 서로 함께 작용하게 된다. 그래서 (3)을 예로 들면, 일상의 사소한 선택을 하는데 있어서는 브리짓과 매기가 취한 중대한 선택에 꼭 필요한 그런 정도의 심사숙고를 할 필요는 없다. 왜냐면 프랭크는 자신의 일상생활인 매일의 상황에 친숙하기 때문이다. 세 번째로, 이와 같은 식별의 과정은 절대적인 어떤 확신을 주지 못한다는 것에 주목할 필요가 있다. 누적된 효과는 종종 강력한 가능성을 가져오고 가끔은 후속 경험으로 강화되고 고정화될 수도 있는 어느 정도 내면의 확실성을 주기는 한다. 그러나 식별의 과정을 통하여 내려진 선택이라는 사실이 의혹이나 두려움 혹은 걱정이 다시 일어날 가능성을 전적으로 배제하는 것은 아니다. 우리의 모든 선택이나 후속 조치들은 신앙과 신뢰 안에서 살아 내야 하는 것들이다.

7장

그룹 식별

지금까지 우리는 주로 개인적인 식별에 대하여 집중적으로 살펴보았다. 개인들이 일상생활 속에서나 특별히 중대한 결정을 할 때 모두 성령에 충실하려고 공들여 노력할 때 하는 식별이었다. 우리는 앞 장에서 개별적인 그리스도인들이 사회 문화나 교회와 복잡하게 서로 연결되어 있고, 남녀 모두 특정한 사회 문화적 배경하에 선택한다는 것을 알게 되었지만, 그럼에도 우리는 먼저 개별적인 사람들이 복음적인 길 안에서 성령의 인도를 따라서 살아가려는 노력에 초점을 맞추었다. 그러나 이 장에서는 그룹 식별의 형태와 실제로 방향을 돌려 보겠다. 이 말은 그룹의 특정한 개인이나 그룹 전체의 삶에 영향을 미치는 결정을 할 때 공동체나 그룹의 구성원들이 모두가 함께 참여하도록 초대되는 과정을 말한다.

더 넓은 맥락

그룹 의사 결정의 다양한 형태들은 모든 문화권에서 오랜 시간 동안 개발되었다. 그중에서 어떤 것들은 문화적인 측면에서 종교와 관계있는 듯하고, 어떤 것들은 다소 독점적으로 '세속'적인 것과 연관되어 있다. 오늘의 서구 사회에서는 광범위한 그런 의사 결정 과정을 실시하고 있는데, 그렇게 함으로써 그 과정에 참여한 사람들이 선택에 대한 책임을 공동으로 지게 된다. 몇 가지 예를 든다면 위원회, 이사회, 실행 위원회, 네트워크, 내각, 의회, 선거, 총선거 등이다.

마찬가지로 그리스도교 안에도 그룹의 모든 구성원이 의사 결정 과정에 참여하고 선택에 대한 공동 책임을 지는 그런 제도는 부족함 없이 존재하였다. 그리스도교 교회 자신들이 의사 결정이나 통치하려는 목적으로, 지역이나 국제적으로, 공의회와 시노드, 회의나 집회 등의 여러 가지 형태와 다양한 수준의 모임들의 필요성을 오랜 기간 인정해 왔다. 종교 분열 이후 많은 개신교회, 특히 장로교회들, 회중교회주의자Congregationalist와 감리교회들의 전통은 그들의 지역 교회들이 아주 중요한 역할을 담당하는 의사 결정 과정을 자신들만의 고유한 것으로 발전시켜 왔다. 수도회 규칙에도, 적어도 성 베네딕토 시대부터 의사 결정 규정이 일상생활 안에 구조적으로 불가결한 부분이 되었다. 몇몇 수도원식의 형태로 생활하는 다른 종교 공동체들도 어느 정도 가용한 양식으로 행정 규정들을 차용하고 있거나, 교회 당국에 의해서 부여되어 왔다. 그리고 퀘이커교Quakers는 공동 의사 결정에 있어서 자신들만의 아주 독특한 방법을 발전시켜 와서 유명하게 되었다. [12]

그러므로 이 장에서 우리가 탐구하고 있는 공동체의 의사 결정 형태는 사람들과 자기의 삶에 광범위하게 영향을 주는 선택을 함에 있어서 공동체나 그들 그룹의 회원들이 공동으로 책임을 나누어 지는 여러 가지 많은 형태 중의 하나라 할 수 있다. 그와 동시에 자신만의 고유한 특성을 가진다는 것은 다양한 형태의 그리스도교적인 의사 결정들이 상호 구별된다는 것을 말한다. 내가 이것을 공동 식별의 한 과정이라고 부를 때 나는 이 단어를 아주 정확한 의미로 사용하고 있다. '공동 식별'이라는 용어는 때로는 그리스도교적인 의사 결정 과정의 다양함을 서술하기 위하여 좀 더 느슨하게 사용되기도 하는데, 한 그룹의 사람들이 참여하고, 성령의 인도하심이나 현존에 대한 다소간의 명시적인 언급을 할 때가 그렇다. 그러나 참석자들이 성령의 현존을 확실하게 믿고 있고, '오소서 성령이여'를 노래하거나 혹은 진행 시초에 몇 분간의 침묵 기도를 한다는 사실만으로 이 책에서 우리가 말하는 아주 정확한 의미의 '식별'의 한 과정을 진행하는 것은 아니다.

이 장에서 내가 말하는 공동 식별 형태의 구체적인 특성은 물론 우리가 앞으로 진행함에 따라 명확해질 것이다. 그러나 여러 가지 형태의 그리스도교적 의사 결정과는 기본적으로 구별된다는 점을 지금 밝혀 두는 것이 좋겠다. 이것은 우리가 이 책에서 지금까지 자세하게 논의해 온 개인적인 식별의 방법을 전적으로 전용하는 과정이라 하겠다. 다시 말하자면 그룹이 공동 식별이라는 과정의 명확한 목적에 따라 우선적으로 주의해야 할 점은 '하느님의 뜻을 찾는 것'이며. 그룹 안에서 하느님의 성령이 어디로 인도하시는지를 알아내고 따르는 것이다.

현재 교회의 분위기는, 공동 식별에 대한 어떤 형식을 개발하고 발전시켜야 할 필요성이 점증하고 있다는 징표들이 나타나고 있다. 물론 이 필요성이 새로운 것은 아니다. 약혼자들이나 결혼한 부부, 혹은 친구들 간의 한 쌍들이나 그룹들이 그들에게 중요한 문제들이 생길 때에 생각이나 깊은 감정들을 서로 나눈다면, 이것은 비공식적으로 그룹 식별을 하는 것이라고 할 수 있다. 실제로 가족회의를 지켜보는 것이 때로는 공동 식별에 대한 하나의 교육이 될 수도 있다. 그럼에도 공동체나 그룹들이 그들의 환경에 맞게 사용하고 적용할 수 있는 체계적인 공동 식별의 필요성이 대두되고 있다. 예를 들어 어떤 본당에서 본당 전체에 미치는 의사 결정에 대한 책임이 더 이상 본당 신부에게만 지워지지 않도록 해야 하는 것이다. 다수의 기도 단체나 신앙생활 나눔 그룹에서 그 회원들은 집단으로 그들 전체의 생활 방향이나 형식에 대한 책임을

져야 하는 것이다. 더 나아가 오늘날의 '시대의 징표' 중의 하나는, 평신도와 수도자와 성직자들이 관계된 새로운 형태의 그리스도교 공동체들의 출현이다. 이들 공동체의 회원들은 그들의 집단적인 생활에 구조적으로 내재된 공동 식별을 가지거나 가지기를 원한다. 그리고 근래에는 많은 수도회가 새로운 논의 과정이나 '책임 분담'을 모색하고 있고, 개정된 회칙에 명기하기도 하였다. 이 책임을 나누어 지는 것은 위로부터 주어진 권위에 바탕을 둔 옛 수도회들의 형식보다도 더 참여적인 것이라 할 수 있다. 이러저러한 상황에서 공동 식별이 필요하다는 데 대해서는 의문의 여지가 없을 것이다.

공동 식별에 대한 이냐시오적인 전통

성 이냐시오의 생애로부터 나온 현존하는 기록으로 「창시자들의 숙고 *The Deliberations of the Our Fathers*」라는 문서가 있는데, 여기에는 1538-1539년 로마에서 이냐시오와 그의 동료들이 사용했던 하느님의 뜻에 대한 공동 식별의 과정에 대한 언급이 있다. 이것이 우리가 이 장에서 논의하는 공동 식별의 기조가 될 것이다. 그러나 그 문서는 단지 얼개만을 제공하고 있을 뿐, 이냐시오와 동료들이 했던 세부 사항에 대해서는 언급하지 않는다. 그러므로 만약에 이것이 우리의 모델로서 유용하다면 당연히 이냐시오의『자서전』[13]이나『영신수련』같은 다른 자료에서 우리가 알고 있는 이냐시오식 식별에 대한 세부 사항들을 끌어와 보충해야 할 것이다.

역사적 배경: 로마 1538–1540년

이 문서가 묘사하고 있는 식별의 과정에 대한 역사적인 배경을 이해하는 것이 중요하다. 그 그룹은 성 이냐시오가 파리 대학에 재학 중인 지난 몇 년 동안에 구성되었다. 이냐시오가 그 그룹의 중심인물이고, 자연히 그 지도자였다. 그는 다른 회원들보다도 더 나이가 많았고 그룹이 그를 중심으로 형성되었으며 그의 개인적인 영향을 받았다. 그 구성원들은 몇 가지 점에서는 서로 크게 달랐다. 당시 프랑스와 스페인은 서로 적대적이었고 회원들은 두 나라 출신이었다. 예를 들면 그룹의 성 프란치스코 하비에르Francis Xavier나 피에르 파브르Pierre Favre 같은 두 사람의 기질은 사회적 출신만큼이나 서로 달랐다. 피에르는 사보이 산중의 가난한 집 출신인 반면, 프란치스코는 바스크 혈통의 귀족 출신임을 스스로 내세우고 있었다. 그 그룹의 회원들은 단순히 자연적인 우정으로 뭉친 것이 아니라 대체로 이냐시오의 영향력을 통해서 서로 종교적인 원의와 이상과 목적을 나눔으로써 하나가 되었다. 이냐시오의 지도로 '영신수련'을 한 것이다.

파리에서 학업을 마칠 무렵에 그들은 하느님을 위한 봉사에 자신들을 열정적으로 봉헌하겠다는 의향으로 결성한 헌신 남성 단체 회원이 되었다. 그 당시에 그들은 가난과 독신 서약을 하고 두 가지 행동 중 하나에 전념하며 짝을 지어 파리를 떠났다. 그들의 첫 번째 원의는 예루살렘에 복음을 설파하러 가는 것이었다. 그러나 그것이 불가능할 경우 로마로 가서 교황님께 보내고 싶은 곳이면 어디든지 보내 주십사고 청하려 하였다. 그 후 공교롭게도 예루살렘으로 가는 것은 불가능했고 걸어서 로마로 가게 되었다.

로마에 모여서 이냐시오와 그의 동료들은 어떤 선택을 해야 함을 알게 되었다. 그들은 한편으로는 단지 한 무리의 사람으로서 그들이 상상할 수 있는 세상의 구석구석을 돌기 위해 흩어질 것을 각오하며 교황께 그들의 봉사를 바치느냐? 아니면 그룹을 해산하느냐? 아니면 그들 스스로 좀 더 영구적인 끈으로 함께 묶어서 이미 형성된 일치를 보존하느냐? 명확한 용어로 말한다면 그들이 스스로 수도회를 설립해야 하느냐? 하는 것이었다. 그룹 안에 긴장이 조성되었고 결정은 쉽지 않았다. 끝내 그들은 한 그룹으로서 그들을 위한 하느님의 원의를 밝힐 수 있었고, 그래서 그들의 미래를 설계할 수 있는 신뢰할 수 있는 공동 식별의 방법에 대하여 합의하였다.

과정

이 기회에 앞서 언급한 문서와 이냐시오 식별과 실제에 대한 다른 자료들에서 얻게 된 것들을 이용하여 그들이 사용한 방법들의 기본적인 원칙들을 밝혀낼 수도 있겠다.[14]

(1) 모두가 동의할 수 있는 식별을 위한 공통의 근거가 있었다. 말하자면 성령께서 그 단체를 어디로 인도하시는지 찾고, 하느님의 뜻을 탐구해야 할 목적이다.

(2) 그룹의 개인적인 회원들이 그 목적을 달성하는 방법에 관하여 서로 다른 의견을 가지고 있었다는 것이 알려져 있었다.

(3) 회원들이 하느님으로부터 깨우침을 받도록 오래도록 부지런히 기도하고 묵상하였다. 이 과정의 한 시점에서 순명에 대한 공동 결정이 어렵다는 것이 드러났을 때 회원들이 밖으로 말하지 않고 개인적으로 성령의 비추심을 찾았다.

(4) 그들은 또한 그 선택을 위해서 그 상황에 필요한 가능한 모든 정보를 충분히 이용하는 등 모든 자연적인 계몽 수단을 이용하였다.

⑸ 각자 개인적인 기도와 식별을 한 후에 회원들이 가능한 한 객관적이 되도록 주의함으로써 신중하게 고려하며 자유롭게 결정하였다.

⑹ 그리하여 그들은 개인적인 식별의 결과를 공동 식별의 과정 안에서 함께 나누게 되었다. 이런 과정을 거치면서 신중히 반대하는 이유들과 그리고 찬성하는 이유들을 간단하고 솔직하게 드러내게 되었다.

이런 과정을 통해서 이냐시오와 그의 동료들은 결정하게 되었다.

과정에 대한 반성

⑴ 로욜라의 성 이냐시오로부터 전해 내려온 이 공동 의사 결정을 실행하기 위해서는 명심해야 할 두 가지의 분명한 특성이 있다. 첫째로, 소위 말하는 식별 과정을 제대로 하는 것이다. 공동 식별의 우선적인 목표는 현명하고 신중한 결정을 하는 것도, 대다수가 찬성하는 것도, 논의나 논쟁에서 설득력이 인정된 옵션에 도달하는 것도 아니라는 것이다. 이냐시오의 식별은 단순히 민주주의를 실행하거나 다수결의 원칙을 시행하는 것이 아니다. 참석자 모두가 동등한 목소리와 투표권을 가진다는 의미에서는 '민주적'일 수 있고, 이러한 과정을 통해서 실제로 현명하고 신중하

며 다수결의 원칙에 부합할 수는 있겠지만, 이 과정의 우선적이고 명확한 목표는 단체로서 성령의 현존과 움직임에 성실히 응답하고 그것을 불러일으키며 그것에 깨어 있기 위함이다. 그리하여 그 단체를 위한 하느님의 뜻을 찾는 것이다. 이 과정의 모든 요소는 이것을 위하여 작동해야 하는 것이다.

⑵ 그러므로 이냐시오와 동료들은 개인적인 식별의 방법과 원칙을, 예를 들어 『영신수련』에서 개략적으로 설명한 바와 같이 필요하다고 생각되는 그런 각색을 하는 동시에 그 그룹의 환경에 맞추어 적용한 것 같다. 진지하고도 지속적인 기도, 가능한 한 그 환경에 대한 정세를 잘 파악하고, 식별의 가능한 결과에 대한 자유, 그 의사 결정을 하는 사람들이 체험한 위안과 고독과 옵션들의 찬반에 대한 그 이유를 기록하고 세심하게 검토하기, 확증하는 경험이나 그 반대의 경험, 깊은 혼돈과 내적인 갈등에 대한 경험 등 모든 개인적인 식별의 주요한 요소들이 여기에 자리 잡고 있음을 발견할 수 있다.

⑶ 개인적인 식별에서와 같이 그룹 식별의 과정에서도 과거는 미래를 지시한다. 개인적인 식별에 있어서 개인의 역사와 그 역사에 따라 형성된 정체성은 그 사람의 미래상을 위한 중요한 신호이고 선택되어야 할 지침이 된다. 선택들은 신앙 안에서 형성된 개인의 역사에 근거하여 만들어진다. 공동 식별에 있어서 그

룹이 공유한 역사는 마찬가지로 중요한 것이다. 우리가 알고 있는 이냐시오와 그의 동료들의 예를 다룬 「창시자들의 숙고」의 저자는 그들이 그들 스스로 지속적인 연합을 맺어야 하는 이유와, 하느님의 손길의 표시인 우정 안에서 서로 함께하고 성숙해 갔다는 사실을 파악하고 있다.

(4) 아주 중요한 사실 하나는 공동 식별의 과정에 대한 기본적인 규칙과 목적은 공개되어 있고, 참여하기 전부터 모두가 수락했다는 것이다. 이것이 그룹의 개인이나 파벌별로 조작할 수 있는 여지나 또는 목적을 바꾸려는 여지를 줄일 수 있는 것이다. 경험으로 보아서 특히 중요한 것은 결정이 나면 모두가 수용할 것이라는 사전 합의가 필요하다는 것이다. 이것은 투표할 것인지, 어떤 식으로 할 것인지, 만장일치가 필요한시, 충분한 다수결은 어느 정도여야 하는지 등의 사항을 규정하는 것을 포함한다.

(5) 현대의 경험에 의하면 회원이 아닌, 따라서 결정권이 없는 촉진자(facilitator)의 존재가 대단히 도움이 된다는 것을 알 수 있다. 촉진자의 책임은 그 단체가 일정한 규칙에 의해서 진행되게 하고 필요하다면 용기를 주거나 객관적인 시각을 갖도록 힘쓰는 것이다. 그 단체에 관한 그 촉진자의 역할은 개인적인 영신수련에 필요한 식별의 과정에서의 지도자의 역할과 아주 비슷하다.

⑹ 이냐시오와 그의 동료들이 실행한 과정은 그룹 회원들 모두가 주어진 문제의 옵션들에 대한 찬반의 의사 표시를 명확하게 표명할 기회를 보장하였다. 옵션에 대해서 발언하면서 그룹 멤버들은 상대를 얕보거나 득표 활동이나 혹은 논쟁에서 이기려 하거나 설득력 있는 언변과 같은 작전은 필요하지 않았다는 것이다. 필요한 것이라고는 주어진 문제에 대하여 단순하고 솔직하며 신뢰하는 자신의 의사나 느낌을 표시하는 것뿐이다. 어떤 위협적일 수도 있는 이런 상투적인 논의가 제거됨으로써 이 과정은 그룹의 구성원들이 자기 생각이나 느낌을 솔직하게 표현하는 두려움에 대한 제거가 보장된다.

⑺ 그룹 식별의 이러한 과정은 여기에 참여하는 사람들의 어떤 수준이 요구된다. 먼저 그룹 안의 상당한 신뢰의 수준인데, 이것은 모든 이들이 자유롭고 공개적이며 정직하게 말할 수 있도록 촉진하게 된다. 이 점에서 이냐시오와 그의 동료들은 몇 년의 우정과 서로 간의 장단점을 철저히 파악하고 있었다는 이점을 가지고 있었다. 그러나 그러한 다양하고도 매우 개성적인 남성 집단에서 생기는 신뢰는 다툼 없이는 거의 불가능한 것이다. 진정한 식별은 한 단체 안에서 신뢰의 부족에 따라 제약을 받는 것이다. 어쨌든 경험에 의하면 그룹 식별에 있어서 그룹 구성원들의 너그러운 참여 자체가 회원들의 신뢰를 낳고 깊게 만든다. 두 번째로 바람직한 것은 편견이나 선입관에 좌우되지 않고 가능

한 한 서로 마음을 열고 다른 사람의 말을 경청하는 능력이라 하 겠다. 비록 선입견이나 편견이 깨끗하게 제거되지 않는다 하더 라도, 일정한 개인 기도의 할당량을 과정 안에 포함하는 것은 구 성원들이 최악의 결과를 피할 수 있도록 도울 수 있는 착안이 된 다. 기도와 성찰을 통하여 우리 자신의 독특한 선입견과 편견에 유의할 수 있고, 다른 사람들의 말이나 대중의 의견을 수용할 수 있는 능력을 방해하지 않는 방안을 확보하게 되는 것이다.

(8) 타인의 말을 겸손하게 경청하고 단순하고 정직하게 발언하 며 성령의 인도하심을 다 함께 찾는 이 과정을 통하여 가끔은 견 해나 태도나 단체의 성향이 극적으로 변화되는 것이 아주 이상 한 것은 아니다. 이것이 가끔 일어날 수도 있는데, 예를 들어 A라 는 옵션이 최선의 행동 방침이라고 확신을 가졌던 한 사람이 식 별의 과정에 들어갔을 때이다. 그럼에도 타인들의 생각과 느낌 을 청취하고 또 그룹 안에서 그 방향이 서서히 그리고 힘겹게 움 직인다는 것을 보고 나서 결국에는 그들의 견해가 바뀌고, 확신 에 차서 그들이 처음에는 호감을 갖지 않았던 옵션을 선택하게 된다. 타인들을 위해서 공동 식별에 참여하여 더 큰 자유와 넓은 지평을 가지게 되고, 거기에 참여할 때 편협하고도 보다 더 자기 중심적인 생각과 기분에서 벗어나는 데 도움이 되는 것이다. 그 룹 안에서 다른 사람을 싫어하거나 적개심을 품거나 미워하는 경우에도, 회원들의 상호 간의 이해가 넓어지고 식별이라는 책무

를 위하여 단합하기 때문에 그러한 것들이 약화되거나 사라지기도 한다. 이러한 변화가 일어나는 것은 복음의 길을 따라 한 분이신 성령의 인도하심을 정직하게 찾기 때문이고, 신뢰와 일치와 평화가 일게 되는 결과는 같은 성령의 현존에 대한 확증이 된다.

(9) 이냐시오와 그의 동료들은 작은 그룹이고 비록 적은 숫자이기는 했지만 하나의 단위로 충분히 함께 편안하게 일하고 만날 수 있었다. 그럼에도 수도회의 총회 같은 다른 환경일 때 참여하는 숫자가 너무 많으면 하나의 그룹만으로 진행하는 것이 쉽지 않을 것이다. 적어도 과정 안에서 두 가지 정도의 변형이 시도되고 어느 정도 성공하고 있다. (a) 대그룹은 소그룹으로 나누고, 아래에 제시하는 방법을 따른다. 소그룹에서 심의한 내용을 더 깊이 심의하도록 대그룹인 본회의에 상정한다. (b) 대그룹에서는 소그룹들을 대표하는 대표 요원들을 선정한다. 이렇게 진행함으로써 그 대표자들이 대그룹의 구성원들과 상의하고 그들의 견해와 감정에 주목하게 된다. 이런 과정은 (a)에서 언급한 것같이 소그룹의 각 멤버 중 한 명씩으로 구성된 핵심 실행 소그룹을 만들어야 실제로 가능하다. 이 경우에 마지막 의사 결정은 대그룹을 대표하는 핵심 실행 소그룹의 책임이 되는 것이다. 이러한 형태의 진행에 있어서, 대그룹에 대한 핵심 소그룹 구성원들의 명확한 책임 소재가 필수적이다. 예를 들어 정확히 어떤 의미에서 대그룹의 구성원들을 대표하는 것인지를 결정해야 하기 때문이다.

그룹의 위안과 고독

지금까지는 이 책에서 전체적으로 개인의 삶을 배경으로 하는 위안과 고독에 대한 체험을 다루었다. 여기서는 그룹이라는 측면에서 그들의 감정과 영향력의 흐름에 대하여 살펴보도록 하겠다.

다른 분위기와 같이 영성적인 분위기도 전염된다. 어떤 한 사람의 기쁨, 평화나 희망, 걱정, 혼란 또는 절망은 감기처럼 쉽게 다른 사람들에 의해서 전염된다. 위안이 어떤 한 그룹에 퍼지게 되면 그 효과는 약이 된다. 그것은 일치, 신뢰, 평화, 힘 등등을 가져오게 되는 것이다. 그러나 한 사람이 다른 사람의 고독에 영향을 받으면 전체 그룹이 쉽게 저기압과 파괴적인 소용돌이에 빠져들게 되고 그곳에서 빠져나오기가 쉽지 않게 되는데, 왜냐하면 그것은 사람들의 고독을 키우고 타인들의 고독을 확장하기 때문이다. 이것은 특히 고독을 눈치채지 못하고 있을 때 그렇게 되는데, 내부에 고독이 스며 있는 분위기 속에서 먼저 한 사람이 말하고 행동하고 또 다른 사람이 그렇게 하게 되기 때문이다. 이런 말과 행동은 다음 사람에게 영향을 주게 되고, 전 구성원들이 혼란, 어둠, 긴장과 곤혹적인 분위기 속으로 빠져들게 된다. 외부 가족Outside families 이나 종교 단체 또는 서로 가깝게 지내는 사람들의 공동체는 이러한 단체 고독에 아주 취약하다. 물론 이것들이 고독의 파괴적인 힘과 심각성 그리고 그 집단을 장악하고 있는 정도에 비례하여 변화하겠지만, 그 집으로 들어온 외부인들은 그 신호를 감지할 수 있게 된다. 비록 이것들이 고독의 심각성과 파괴적인 힘 그리고 그 집단을 장악하고 있는 정도에 비례하여 다 다르겠지만 말이다. 아마도 세상의 허망함에 대한 감정, 희망이라고는 찾을 수 없는 세상, 염세적인, 애써 수고를 들일만한 가치가 있는 것이 아무것도 없다는 느낌 등이다. 대화가 씁쓸하게 되거나 냉소적인 기류가 흐르게 되고, 긴장된 분위기 속에서 공동체의 각 구성원들이 서로 간에 벽이 생기고 방어적으로 되며, 비판적으로 자기 정당화를 내세우며, 아마도 조심스런 공손함도 있을 것이나, 개방성과 따뜻함은 거의 없을 것이다. 많은 시간을 사소한 일에 쏟아 허비하게 된다. 고독은 부지불식간에 퍼진다. 그룹이나 공동체의 어느 누구도 영적인 고독이 특정한 분위기나 기풍의 원인이 된다는 것을 알아차리지 못하게 되고, 각 개인의 기분이나 행동에 영향을 미친다. 그럼에도 불구하고 이것의 영향력은 힘이 있고 각각의 회원은 물론 그룹 전체에 해를 끼치게 된다.

한 그룹 안에서 한 사람의 위안이나 고독에 대한 식별

과 관계된 체험은 마찬가지로 그룹 전체에 좋거나 나쁜 영향을 상당히 끼칠 수 있다. 그래서 그룹의 멤버들이 자기들의 느낌을 자유롭게 표현하는 것이 아주 중요하다. 지도자의 지도하에 한 번 위안이나 고독에 대한 경험이 표현되면 그 그룹은 드러난 문제의 본질과 그룹이 가야할 방향을 성찰하고 이해하게 되며, 고독에 휘말리지 않고 위안을 향해서 움직일 수 있는 적당한 행동을 취하게 된다. 그러므로 지도자는 말이나 이미지나 사람들이 표현하는 보디랭귀지를 통해서 위안이나 고독이 있는지 알아차리는 핵심적인 역할을 수행한다. 지도자는 이런 이해를 바탕으로 해서 그룹이 적당하게 행동하도록 돕게 된다. 거짓 위안이나 고독의 분위기에서 지도자의 역할이 특별히 중요한 이유는 지도자가 그것들을 단순하게 잘못 이해할 가능성이 있고 그룹 전체를 망치게 할 수도 있기 때문이다. 개인이 이러한 경험으로 어려워하는 경우와 마찬가지로 공동체도 현명한 경계심을 가져야 할 뿐만 아니라, 그룹 안에서도 지도자의 지도하에 그로부터 도움과 용기를 받아야 하는 것이다. 그것과 동시에 회원들도 거짓 위안과 고독을 눈치 챘다면 서로를 격려하고 힘을 돋우어줄 수가 있어야 한다.

일상에 있어서 공동 식별

공동 식별을 위한 하나의 패러다임으로서 이 장에서 다룬 하나의 사례는, 그 자체의 역사적 배경 안에서 한 그룹의 구성원들이 자기 삶의 매우 중요한 순간에 마주하게 되는 작은 단체의 중요하고 특별한 결정과 관련하여 일어난 것일 뿐이다. 이냐시오와 그의 동료들이 단체로서 여러 가지 경우에 이러한 그룹 식별로 이 방법을 사용했다는 증거는 없다. 이 사례에 대하여 지금까지 우리가 한 성찰은 우리가 이와 비슷한 배경하에 공동 결정을 할 경우에, 하나의 사례로 그것을 사용하거나 적용할 수 있는 방향으로 전용했을 뿐이다. 다시 말해서 단체나 구성원들이 그룹의 삶에 영향을 미칠 수 있는 중요한 결정을 해야 할 중요한 순간에 우리도 어떻게 이 방법을 이용할 수 있는 여지가 있는지 살펴본 것이다.

하지만 앞에서 본 바와 같이 개인적인 식별은 중요한 결정을 결정적인 순간에 해야 할 뿐만 아니라, 사소한 일상의 문제에서도 해야 한다는 것이다. 이런 면에서 볼 때 식별이란 접시처럼 특별히 필요할 때만 꺼내서 쓰는 특정한 것이라기보다는 일상에서 벌어지는 일이다. 그러므로 식별은 오늘날 그리스도인의 삶에 있어서 하나의 특징적인 것이라 할 수 있다. 무엇이 지금 여기서 진실인지 아닌지 묻는 것은 개인이나 단체나 마찬가지이기에, 개인적으로 매일의 삶에 있어서 식별하는 것처럼 단체에서도 식별할 수 있는 효과적인 방법을 찾아야 하는 것이다.

이런 예를 들어 가정해 보자면, 어느 본당에 사회적인 활동 단체가 있고 두 주에 한 번씩 여덟 명의 핵심 구성원들이 자기들이 해야 할 다양한 일들을 계획하고 논의하기 위해 모이고 있다고 하자. 이 핵심 그룹 안에서는 매주 본당 활동 단체를 운영하는 그들의 임무에 도움 되게 성령의 인도하심을 찾는 과정을 발전시키고 싶어 하는 것이 부자연스럽지 않을 것이다. 여러 가지 대규모 기도 모임에서도 역시 작은 핵심 요원들이 있는데, 이들이 기도 모임 전체의 운영과 지도를 책임지고 있는 것이다.

이냐시오와 그의 동료들이 사용했던 공동 식별의 예는 이 장에서 서술한 바와 같이 사실상 한 가지 절차를 제안하는 것으로 보고, 이를 응용하여 일상생활에서 그룹 안에 성령의 인도하심과 활동을 식별하는데 사용할 수 있다고 본다. 여기서 내가 하고픈 것은, 이렇게 매주나 혹은 매달 행하는 식별에 있어서 특별히 중요해 보이는 그 과정의 몇 가지 특징을 드러내 보려는 것이다.

⑴ 중요한 사항으로, 계속되는 공동 식별과 관련 있는 단체의 회원들은 그 과정을 준수하도록 기본적인 규칙을 미리 알고 또 수용해야 한다. 이렇게 해야 참여자들이 서로 마음을 열고 신뢰하도록 도움을 주고 우리가 살펴본 바와 같이 그 과정을 아주 쉽게 한다는 점이다. 만약에 한 사람이나 더 많은 회원이 이런 방식대로 하지 않는다면 서로 간에 벽이 생기고 분열이 생기게 될 것이다. 사전에 기본적인 규칙에 따른 서약이나 합의의 필요성이 있다는 것은 그 그룹이 식별의 절차를 진행하기 전에 미리 준비 작업이 있어야 한다는 것을 말한다.

⑵ 만약에 식별하는 그룹이 소그룹이라면(예를 들어 핵심 그룹이나 대표자들 혹은 소위원회 등), 그 그룹이나 공동체가 소그룹이 행하는 절차에 동의하는 것이 중요하다.

⑶ 비밀 유지의 의미와 한계에 대한 동의도 깊이 고려해야 한다. 이러한 규칙은 기본적으로 회원들이 공개적으로 자유롭게 발언할 수 있게 하는 측면이 있다.

⑷ 그룹이 미래의 새로운 정보에 의해서 절차가 평가되거나 수정되거나 폐지될 수 있다는 데 합의한다면 매일 공동 식별을 할 때 매우 유익하다. 이렇게 함으로써 그룹의 회원들이 제한된 시간에 전념할 수 있게 할 뿐만 아니라 어떤 것이 최상인지에 따라

서 계속 진행하거나 거두어들일 수도 있게 된다.

⑸ 공동 식별의 모든 기본적인 요소들은 여기에 달려 있다. 근본적인 목적은 성령의 현존과 활동에 주의를 기울이는 것이다. 전 과정 안에 이루어지는 규칙적인 기도, 성경을 통한 직·간접적으로 영감 받기, 넓은 범위의 사람들과 소통하기, 특별한 전문 지식을 가지고 있거나 혹은 식별 과정의 결과에 따라 삶이 영향을 받을 것 같은 것을 불문하기, 선택되어야 하는 상황을 고려한 많은 정보를 끌어내고 획득하기, 위안과 고독에 대한 경험과 식별의 과정과 관련이 있는 다른 고려 사항을 서로 나누기, 전적으로 그룹의 위안과 고독의 움직임에 민감하기, 그리고 하나의 선택이 채택되거나 되었다면 확정의 징후를 알아차리고 감사하기와 그 반대의 경우에도 마찬가지로 감사하기 등이다.

결론

이 장에서 우리는 이냐시오와 그의 동료들이 1538-1539년에 행한 한 공동체로서 자신의 미래를 결정할 때 이용했던 그룹 식별의 한 형태를 살펴보았다. 우리는 『영신수련』에 제시되고 그 전 해에 이냐시오가 개발한 개인적인 식별의 핵심적인 특징들을 그들이 사용한 그룹 세팅에도 그대로 적용했음을 보았다. 내가 지적한 바와 같이 개별 식별의 형태를 적당히 응용하여 모든 구성원이 각자 그 역할을 할 수 있게 하는 그룹 식별에도 그 절차를 이용할 수 있다. 이것은 공동 식별의 한 형태로서 그룹의 지속적인 생활 방향과 형태를 제공하기 위한 경우, 그리고 중요한 결정을 해야 할 드문 경우에도 모두 다 적용할 수 있다고 본다. 이 장을 진행하면서 나는 이러한 과정이 변화하는 환경 속에 새롭게 적응된 몇 가지 방안에 대해서 지적한 바 있다. 물론 분명히 더 심화한 적응도 가능하겠지만, 동시에 그리스도교적인 본질적인 특성을 감안해야 하고, 그 단체의 모든 구성원이나 공동체가 모두 그 과정에 합당한 역할 분담을 해야만 한다.

8장

식별의 장애 요인들

비록 식별이 선택과 관련되어 있다고 해도 식별은 단순한 하나의 행동을 한다는 차원을 넘어서는 것이다. 이미 우리가 본 바와 같이 식별한다는 것은 성령께서 우리의 행동뿐만 아니라 우리 행동이 시작되는 중심부인 '마음'까지도 관장하시도록 맡겨드리는 것이기 때문이다. 매일의 생활에서 성령의 부르심에 응답함으로써 하느님의 뜻이 우리 안에 이루어지게 하고, 그리하여 성령께서 우리를 변형시키시고 우리를 하느님을 닮은 모습으로 재창조하시도록 허용하는 것이다. 우리는 하느님께서 원하시는 존재가 되도록 '삶의 충만'을 향하여 여로를 걷고 있는 것이다.

성령의 리듬을 따라 춤출 때, 우리 안의 장애물들과 우리를 에워싸고 있는 세상과 관련된 걸림돌들을 만나게 되는 것은 당연하다. 우리의 모든 숭고한 포부들과 최상의 활동들은 한계가 있고, 때로는 아주 심한 것들이기도 한데, 이들은 우리가 스스로 초래한 은총의 변혁 작업을 저해하는 요인들과 사정들 그리고 우리의 문화에서 기인하는 것들이다. 이 장에서는 우리 식별의 실제와 그것이 조장하는 성장을 손상할 수 있는 심각한 방해 요인들을 서술하려 한다.[15]

신체적인 요인들

인간은 기본적으로 하나의 통합체이다. 인간 생명의 한 부분에 있어서 건강이나 장애는 다른 부분에도 영향을 미칠 가능성이 있다. 식별을 어렵게 할 가능성이 있는 요인들에 대하여 살필 때 소위 말하는 '영성'적인 장애에만 한정하면 안 되는 이유는, 영혼의 영역은 생명의 다른 차원들로부터 단절된 어떤 부분이 아니기 때문이다. 인간 존재의 서로 다른 차원들은 상호 연관되어 작용하는 것이기에, 식별에서도 그러한 육체적이나 정신적인 요인들은 신학적으로나 영성적으로 장애의 원인이 될 가능성이 있다.

만성적인 피로 상태나 건강이 좋지 않다는 것들은 건전한 식별을 위해서 필요한 타인과 성령에 자신을 개방하는 것을 방해할 수 있다. 한 예를 들어 보자. 모이라 여사는 한 어머니로서 교회에도 열심히 다닌다. 그녀는 가정과 세 자녀들과 남편을 위해서 많은 시간과 정성을 쏟고 있으며, 회원으로 가입한 다양한 단체들에도 시간을 할애하고 있다. 그녀는 그 모든 일을 감당하는 것이 점점 힘에 버겁다는 것을 알게 된다. 그녀는 자주 피로를 느끼고 몇 날 며칠 여기저기서 쉬는 휴식은 오래가지 못한다. 작년에는 다른 해보다 더 심하게 감기와 독감에 시달렸다. 현재 모이라와 그녀의 남편 토니는 아주 중요한 결정을 해야 하는데, 이는 실로 인생의 전환점이 될 것이기에 가능한 한 건전한 식별을 위해 노력하고 있다.

이러한 환경에서 모이라의 피로와 병적인 상태는 과로로 인한 결과로 보이지만, 좋은 식별을 하는 데에는 장애가 된다. 예를 들어 그녀가 선택하기 위해서 꼭 필요한 신중한 집중을 하기에는 너무 피로한 것이다. 그녀가 기도에 몰두하려고 시간과 정력을 쏟기에도 너무 지쳐 있는 것 같다. 더구나 그녀의 만성적인 피로는 그녀의 통찰력과 판단력을 왜곡할 수도 있고, 그녀가 피상적으로 생활하게끔 제한할 수도 있으며, 그녀와 토니가 결정하는 데에 영향을 받는 다른 사람들을 향해 정신적 너그러움을 갖지 못하고, 자기 개방과 자유로운 행위를 하지 못할 수도 있는 것이다.

이 예는 만성적인 피로와 나쁜 건강이 식별할 때 해로운 영향을 줄 수 있음을 보여 주고 있다. 의도적이든 아니든 간에 모이라의 좋지 않은 건강은 저절로 생긴 것으로 보아, 다른 많은 사람들도 자신이 통제할 수 없는 환경 때문에 병이나 탈진 상태로 빠져들 수 있다는 것을 명확히 보여 준다. 자신이 만성적인 피로 상태로 인한 나쁜 영향을 줄이거나 극복하려는 방법을 모색하고 있다면 이 모든 경우에 있어서 식별에 부정적인 영향을 미칠 수 있다는 것은 치명적이기에, 자신의 탈진이나 병의 상태를 인정하는 단계에서나 아니면 그 두 가지 모두의 원인을 이해하려는 단계에서 피해를 줄이도록 노력해야 한다. 자신이 탈진하거나 병들어 있다는 것을 인정하기를 거부하는 것 자체가 오늘날 종교인 사회에서는 흔치 않은 것이지만, 식별에 있어서는 탈진이나 병 자체만큼이나 해로울 수 있는 것이다.

시간도 식별에 있어서 하나의 장애가 될 수가 있다. 어떤 경우에는, 특히 위기 상황에서 결정을 빨리 해야 하거나 신중하게 숙고할 시간이 없을 경우가 많이 있다. 반면에 가끔은 오랫동안 숙고하기 위하여 시간을 더 많이 지체하며 결정을 미루는 것은 빨리 결정하는 것보다 결과가 더 나쁠 수도 있다. 사건을 빨리 결정할 때 우리가 결정을 잘할 수 있도록 모든 수단을 동원한다면, 우리는 성령께서도 그 상황의 한계를 인정하시고 그 안에서 활동하신다는 것을 신뢰해야 한다. 다른 의미에서도 시간이 식별에 장애 요인이 될 수가 있는데, 결정을 내리는 게 무척 어렵다는 것을 알고 결정을 미루는 사람이다. 이 경우에 식별을 위하여 무작정 긴 시간을 끈다면 끝없는 피로에 지치고 말 것이다. 그래서 신중하게 식별을 수련할 기회가 있을 때 그 과정 안에 실제적인 시간제한을 설정하고, 성령께서도 그 제한된 시간 안에서 활동하실 거라는 믿음을 갖는 것이 도움이 된다고 본다.

정서적이고 심리적인 요인들

이 부문에서 처음부터 고려해 볼 것은 식별에 있어서 다양한 심리 상태의 영향에 대한 논의에 포함하지 않은 것들로서, 엄밀한 임상적 의미에서의 병리학적인 조건들이다. 정신적인 병이나 심각한 성격 장애들도 그로 인한 고통으로 그들의 판단력이나 통찰력을 왜곡시킬 수 있다. 그러나 그들이 전문가들의 도움을 받을 수는 있겠지만 그것은 나의 능력도 이 책에서 논의할 영역도 아니다.

어쨌든 이러한 배경에서 볼 때 현대인의 공통적인 특징이라 할 수 있는 우울증은 어려운 문제 가운데 하나다. 심리학자들도 무엇이 우울증인지, 그 원인과 다소 심한 불안감 사이의 경계선이 어디인지, 그리고 무엇을 임상적으로 우울증이라고 단정할지 서로 의견이 다르다. 염두에 두어야 할 중요한 사항은, 불안과 우울 모두가 식별의 과정 중에 해로운 결과를 가져오기 쉽다는 것이고, 얼마나 위중한 것인가에 따라서 해로움의 양도 다양하다는 것이다. 만약에 불안과 우울증으로 고통을 겪고 있는 사람들이 영성적으로 식별하려면 그들의 정신적인 상태에 따라 피해를 예방하기 위해서라도 전문가들의 적절한 도움을 받아야 한다. 어쩌면 이것은 반드시 필요한 과정일 수도 있다.

애착과 중독

비록 진기해 보이긴 하겠지만, 영성적인 고전에서 만나는 '무질서한 애착disordered attachments'이라는 용어가 가리키는 현실은 여전하다. 사람이나 장소나 물건이나 혹은 경험에 대한 감성적이고 심리적인 '애착'은 광범위하게 걸쳐 있다. 그것들은 다종다양한 감정적인 끈으로 맺어진 오래된 안락의자에 대한 감상적인 애착에서부터, 그것이 없이는 아무것도 안 될 것 같거나 때로는 그것으로 고통받는 심각한 중독에 이르기까지 그 범위가 넓다. 말할 것도 없이 진짜 중독은 행동을 통제하고 자유를 행사할 수 없는 지경에서 의사 결정을 할 정도까지 사람들의 선택이 힘들게 한다. 우울증 같은 경우에는 전문가의 진료를 받고 치료를 받아야만 한다. 또한 일정 범위의 감성적이고 심리적인 애착들은 개인적 자유의 근본까지는 미치지 않는다 하더라도, 우리의 인식이나 행동에 영향을 끼쳐 영성적인 식별의 과정에 악영향을 끼치게 된다. 예를 들어 어떤 사람이 환상이나 백일몽이나 유행하는 놀이나 여흥에 빠져 있다면 중요한 결정은 무기한으로 연기되어야 하는 것이다.

이러한 애착은 다른 방면에서도 식별에 방해가 되는 것 같다. 예를 들어 '사도직'에 관련된 수녀들의 수가 줄어듦에 따라서 다음 5년간 사도직의 우선순위를 결정하기 위한 분회를 개최한다고 가정해 보자. 이것은 '모원'을 어떻게 처리해야 하는지에 대한 아래의 문제와 관련된다. 그들이 수녀원 생활을 처음으로 시작했고 집단적으로 소유하고 있으며 100년 이상 살았던 큰 건물이 문제가 될 수 있다. 그들은 결정을 내리기 위하여 마음을 열 수 있는 대로 다 열고서 열심히 기도하는 가운데 결과를 도출하기 위하여 애를 쓴다고 하자. 내가 여기서 지적하고자 하는 것은 이 결정을 하는 데 있어서 중요한 한 요인은 그 집에 대한 그룹 안 개인의 감정적인 집착(혹 쓸쓸함일지도 모른다)의 강도에 관한 것이다. 초기에 몇몇 회원들에게는 그것이 논의에서 표면화될 때까지 그 문제에 어떤 관심이 없었을지도 모르겠지만 말이다. 그럼에도 더 중요한 것은 그 집에 대한 미운 정 고운 정이 든 그들 삶의 애환들이 성령의 인도하심을 이행할 수 있는 그들의 자유를 훼손시킬 수 있다는 것을 인식해야 한다는 것이다.

태도의 엄격성

이제 다양하고도 상당히 널리 분포된 건전한 식별을 훼손할 수도 있는 심리적인 요인들에 대하여 예를 들어 보자. 잭은 독실한 가톨릭 신자로서 진실한 애국자임을 스스로 자랑스럽게 생각하고 있는 중년의 남자다. 그는 국가가 이민자들을 받아들이고 그들이 일자리를 차지함으로써 나라가 망해 가고 있다고 생각한다. 주일에 가능한 한 라틴어 미사에 참여한다. 그것이 불가능하면 교회 뒷자리에 앉아서 적극적으로 전례에 참여하지 않는다. 예전에 신학생으로서 60년대 초에 신학을 공부했기에 제2차 바티칸 공의회가 교회와 사회에 일반적으로 부정적인 영향을 끼쳤다고 믿고 있다. 그전의 그에게 가톨릭 신자의 의미는 분명했으며, 그는 선명하고 확실한 질서를 좋아한다. 그의 가족들이나 친구들과 정치, 종교에 대하여 토론할 때는 방어적이고 독선적이며 자신만의 확고한 태도를 지니고 있었다.

내가 묘사한 바와 같이 잭은 정치적으로나 종교적으로 우익이었다. 그러나 좌익 또한 마찬가지로 교조적이며 고집이 센 선봉장들이다. 그래서 잭은 평신도이지만 그의 세대 성직자 중에는 물론이고, 젊은 성직자 중에도 그와 맞장을 뜰 상대가 있었다.

우리가 본 바와 같이 식별은 변화를 추구할 개방된 수단과 어느 정도의 자유와 실질적으로 대화를 통해서 진실에 도달할 수 있는 능력이 있어야 한다. 잭 같은 사람들에게 식별을 방해하는 것은 어떤 의견에도 고집을 피우고 변화를 싫어하며 누가 반대해도 듣지 않으려 한다는 사실이다. 그들의 심리적인 상태의 원인이 무엇이든 간에 어떤 태도와 세계관과 한정된 교회관에 고착되어 있으며 변화를 허용하지 않는다는 것이다. 그래서 그들 자신과 현저하게 다른 선택과 견해에 대한 배려를 기대하기 어렵다. 영적 지도의 경험에 의하면, 그들의 의견이나 걱정과 염려에 대하여 신뢰할 수 있는 친구에게 솔직하게 말하는 것이 잭과 같은 사람들에게는 도움이 된다. 신뢰가 구축되고 나면 그들의 짐을 들 수 있게 되는 것이다. 그렇게 함으로써 이런 고집을 피워 고통을 당하는 사람들이 너쉽게 자신과 다른 신념과 태도에 대한 가치를 알 수 있게 된다.

상상력의 결핍

상상은 여러 가지 측면을 가지고 있다. 이것은 창조적인 가슴과 마음의 질을 말하는 것으로 단순히 예술가나 시인, 소설가나 예언자 같은 사람에게나 필요한 것쯤으로 생각할 수도 있지만, 인간 활동과 노력의 모든 분야에 필수적이다. 이 상상은 식별에 있어서 특별히 중요한 것으로, 식별에 참여하기 위해서는 이해심과 동정심을 가지고 다른 사람들의 상황이나 속마음으로 들어갈 수 있는 능력이 필요하기 때문이고, 과거나 현재에 대한 대안을 상상하는 능력과 창조하는 능력이 필요하기 때문이다. 하느님께서는 영원히 창의적인 분이시고, 식별의 기능은 세상에 대한 하느님의 비전 속에 창의적으로 들어가는 것이며, 그 비전이 실현되도록 성령과 함께 협력하는 것이다. 예수님께서 선호하시는 하나의 교육 방식은 우화나 이야기를 이용하여 상상력을 자극하고 자유롭게 작용하도록 하고, 하느님의 다스리심을 널리 선포하게 한다. 예언자들을 상상의 사람들이라 할 수 있는데, 그들은 미래의 상황이 현재의 처지와 어떻게 다를 수 있고 더 좋아질 수 있는지를 보고 대안을 실현시키는 데 심혈을 기울이기 때문이다.

상상력을 이용할 수 없거나 이용에 실패하는 것은 식별에 장애가 된다. 상상력은 진리에 도달하기 위한 능력이다. 상상력을 자극하지 않거나 혹은 상상력이 자유롭고 광범위하게 작동하지 않는다면 사물을 보는 한 가지 견해의 범위 안에 갇히는 것이며, 성령께서 상황이 어떻게 달라질 수 있는지에 대한 비전과 변화를 요구하실 때 거기에 마음이 가닿지 않게 된다. 만약에 우리의 상상력이 막히게 되면 다른 사람들과 일할 때에 그들의 견해를 들을 수 없거나 듣지 않으려 할 것이고, 그들의 생각이나 느낌에 동정적으로나 또는 예민하게 굴지 않으려 할 것이다. 이런 것은 우리의 건전한 식별에 대한 능력을 제한하게 되는 것으로, 이것이 우리로 하여금 대안적인 행동 방식들을 제공하는 옵션의 가치와, 대체가 가능한 다른 방식이 있다는 인식을 방해하기 때문이다. 이 대안들이 예수님의 제자가 되고 하느님의 다스림을 실현할 투쟁으로서는 유효한 방법들임에도 불구하고 말이다.

분열

서양의 종교적인 문화로 양성된 우리 같은 많은 이들은 어떤 종류의 아주 부정적인 태도를 지니고 있는데, 이런 태도의 결과도 식별에 방해가 될 수 있다. 우리는 이에 영향을 미친 우리의 종교적인 문화 속에서 두 가지 흐름을 찾아낼 수 있다. 첫 번째로, 우리는 억제되지 않거나 억제가 덜 된 감정 표현을 비난하려는 경향에서 영향을 받아 왔다는 것이다. 영국의 '내색하지 않는stiff upper lip' 전통과 행동 규범은 희화한 글에나 잘 어울리는 극단적인 표현이긴 하지만, 연인끼리도 서로 무엇을 느끼고 있는지 잘 알지 못할 정도라 했으니, 이와 같은 것이 사실임을 말해 주고 있다. TV에 등장하는 아랍의 여인들이 크게 울부짖으며 슬픔으로 그들의 머리카락과 얼굴을 쥐어뜯는 장면은 감정을 통제하는 데 가치를 두는 그러한 문화권에서는 좀 낯설다. 문명화된 삶에서는 감정을 제어하는 것이 어느 정도 필요한 것이 명확한 사실이지만, 프로이트가 인정한 것과 같이 우리의 문화에는 통제를 넘어 억압으로까지 이어지는 경향이 있다. 두 번째로 우리에게 끼친 영향은 어떤 감정들 – 화, 공격, 억울함, 질투, 부러움, 탐욕 등 – 에 부정적이라는 딱지를 붙이고는 그것들을 표현하지 못하게 하는 것이다.

어떤 그리스도교적인 배경에서 이것이 뜻밖의 결과를 초래하기도 했는데, 그중 한 가지는 특정한 종류의 감정을 드러내서는 안 된다는 확신뿐만이 아니라, 또한 감정을 가지는 그 자체가 윤리적인 잘못이며 용납될 수 없다는 것이다. 그래서 많은 선의의 종교인들은 그들의 '금지된' 감정들을 그 시간이 지난 후에라도 더 이상 의식적으로 경험하지 않도록 성공적으로 짓눌렀던 것이다. 그 감정들이 지하로 숨어들어 사람들의 행동에 은밀히 무의식적으로 영향을 계속 끼쳐 오게 되었다. 그래서 많은 종교인은 그들의 진짜 감정과 멀어지게 되었다. 그들이 무슨 감정을 가졌는지 더 이상 의식하지 않게 되는 정도까지

억눌러 왔다.

　다시 한 예를 들어 설명해 보자. 프랭크 신부는 30대 초반의 가톨릭 사제다. 성령에 대한 경험이 조금밖에 없는 젊은 신학생으로서, 정신적으로 감정에 사로잡히는 것은 중요하지 않으며 신뢰할 수 있는 것이 아니라는 풍조에 영향을 받았다. 그가 들은 소리라고는 이기적 욕망과 이기주의인데, 이런 것들은 극복되어야 할 대상이었다. 젊은 사람으로서 다혈질적이었으며, 화를 버럭 낸다고 늘 비난받고 있었으며, 결국에는 숨이 막힐 지경이 되었다. 신학교에서 그의 양성을 담당했던 사람들은 독신 문제나 인간관계나 성적인 문제에 대하여 토론을 금지했기 때문에 프랭크는 성적인 감정을 자제하는 법을 배웠지만, 그들의 존재와 잠재된 힘은 가끔씩 그를 힘들게 하였다. 그는 헌신적이고 양심적인 사제다. 그럼에도 그가 사목 활동을 하는 중에 사람들은 그와 따뜻하고 편안한 관계를 맺는 게 어렵다는 것을 알게 되었다. 그가 헌신적으로 산다는 것을 인정하고 있음에도 사람들은 그가 '머리로만 산다'고 알게 되었고, 그들의 삶이나 관심사에는 심정적으로 함께할 수 없다는 것을 알게 되었다. 그뿐만 아니라 그의 대답은 다소 예측할 수 없음을 알게 되었다. 사람들은 그가 이해해 주고 시간을 내 줄 수 있을 것인지, 아니면 반대로 그의 반응이 날카롭고 짜증을 낼 것인가에 대하여 도무지 종잡을 수가 없었다.

프랭크의 상태가 어떤지가 명백하기에, 이것이 남녀를 불문하고 그와 같은 다른 사람들에게 있어서도 건전한 식별을 가로막을 것임은 뻔하다. 이 책에서 이미 설명한 바와 같이, 건전한 식별은 자신의 전 존재를 의사 결정 과정 안으로 투사하도록 허용해야 하는 것이다. 불행하게도 이런저런 이유로 '허용되지 않는' 감정들에 대해서는 억누르거나 감추도록 교육받았기 때문에, 프랭크는 자신이나 다른 사람들을 온전하게 대할 수가 없는 것이다. 사람들에게는 자신이 의식하지 않거나 혹은 두려워하는 자신의 정서적인 분야들이 있게 되는데, 사실은 그것들을 의식하지 못하면서도 은연중에 그것들이 자기 행동에 영향을 미치는 것이다. 만약에 그가 자신의 느낌들을 신뢰하지 않거나 무시한다면, 혹은 그가 느낌을 의식하지 않는다면, 그는 지금껏 위안과 고독이라고 불렀던 정서적인 경험을 감별해 낼 수가 없고, 알 수가 없게 되는 것이다. 의식적인 수준에서 행하는 그의 선택은 전적으로 그의 머리를 써서 알아낸 근거에 의해서만 이루어질 것이고, 그의 식별은 그가 의식하고 있지 않지만 그의 행위에 지대한 영향을 미치는 느낌과 필요에 따라 왜곡될 소지가 있게 된다.

물론 완전무결한 사람들만이 좋은 식별을 할 수 있다는 것은 아니다. 그럼에도 불구하고 자기 자신에 대한 어느 정도의 존재감 결여나 욕망이나 감정과 자신을 전적으로 수용하는 범위에 대한 인식의 결여는 식별에 치명적인 장애가 된다. 그것들은 하느님의 피조물들을 폄하하게 되는데, 왜냐하면 그것들이 우리를 침해하고 우리를 완전하게 이끄시는 성령의 활동을 방해하기 때문이다.

물론 사실 그 누구도 완전히 통합된 사람은 없다. 완전함으로 가는 여정은 멀고, 우리가 우연히 어떤 수준의 단계에 놓여 있다고 하더라도 성령께서 우리와 함께 활동하신다. 그럼에도 성령께서 우리를 완전함으로 인도하시는 길은 우리의 어두운 면과 상처들을 마주하도록 도전하게 만든다. 우리 자신이 어느 면에서 분열되어 있다는 사실을 인지하려는 그 단계 자체가 치유와 완전을 향한 움직임이라 할 것이다. 그 단계에 올라서면 성령께서 더 수월하게 활동하실 수 있게 된다.

자아상

자신이 가지고 있는 자아상도 성령께 마음을 열고 감수성을 가지는 데 있어서 강력한 심리적인 방해가 될 수 있다. 과거의 상태가 어찌 되었든 간에 오늘날 그리스도인들 사이에서는 과장이나 자만심을 가진 자아상보다 부정적 자아상을 가지고 있을 가능성이 더 높다. '부정적 자아상'은 비록 무의식적이라 해도 우리가 상시적으로 존재하는 그대로 자신의 모습을 받아들이지 못하게 하는 것을 의미한다. 자신을 안정되고 현실적인 시선으로 바라보거나 하느님의 무조건적인 사랑을 받고 어떤 목적을 가지고 하느님에 의해서 창조된 존재로 자신을 받아들이기보다는 부정적으로 보거나 받아들이게 되는데, 이때 두 가지 중 하나가 일어나게 된다. 그 하나는 우리가 자신을 마치 추악하고, 서투르고, 실패한 사람처럼, 여러 가지로 다른 사람보다 열등한 것으로 보이는 일그러진 거울 속에 반사되는 자신의 모습을 계속적으로 바라보는지도 모른다는 것이다. 그 결과로 우리는 자신을 습관적으로 과소평가하거나 고유한 가치를 지니지 못한 존재로 바라보며 가난한 자신에게는 부족함이 많다고 상상하는 반면에, 거의 모든 다른 사람들은 자신보다 더 아름답고 더 가치 있으며 더 유능하거나 천부적으로 그토록 중요한 모든 재질을 다 타고났다고 상상하게 된다. 다른 한편 우리가 자신을 현실적으로 파악하고 있음에도 자기 수용의 결여로 자신을 과소평가하는 경향이 있으며, 특히 자신의 재능과 능력을 남과 비교할 때 자신감이 더 없게 된다.

이 자기 수용의 결여는 자기 자신 전체를 포함하거나, 자신의 다양한 분야별로 여러 가지 경우에 집중될 수도 있다. 예를 들면 우리는 신체나 용모, 우리의 정신과 마음의 재능(아마도 그들의 부족함), 어떤 행동 양식, 특히 우리가 싫어하는 자신 안의 경향과 성향, 또는 우리가 실패하여 불쌍해 보이는 상황에다 거부감을 집중시킬 수도 있다. 이들 모두는 받아들일 수 없는 것으로 거부되어야 할 것들이다.

식별의 이러한 배경 안에서 일그러진 자기 수용 혹은 자신의 실재를 수용할 수 있는 능력의 부족은 파괴적인 다른 방식으로 작동하게 된다. 예를 들면 그들은 자신에 대한(대체적으로 세계에 대한) 습관적이 불만을 토로하는데, 왜냐하면 그 어떤 것도 좋은 것은 없으며, 그 어떤 것도 충분하지 않기 때문이다. 이것은 좌절감이나 질투심으로 이어지는데, 왜냐하면 타인들이 언제나 더 좋은 거래를 하는 것 같고, 더 재능이 있고 더 건강하고 더 아름다우며 더 부자인 것처럼 보이기 때문이다. 이 모든 것은 자신과 타인 및 상황에 대해 왜곡된 판단을 내리고 수용성이나 신뢰감이 없으며, 그로 인해 무의식적이기는 하지만 언제나 거부하게 된다는 결과를 의미한다.

로라는 수도자이다. 그녀는 7남매 중 넷째이다. 그녀의 아버지는 그녀가 13살 때에 돌아가셨고, 그 후 6년간 어머니를 도와 가족 중 어린 동생들을 돌보아 왔다. 19살에 수도회에 입회한 이후 줄곧 초등학교 선생으로 일했고, 관구의 요청으로 몇 년마다 줄곧 이곳저곳으로 전근하였다. 다른 동료 수련자들은 모두 중등학교 교사로 봉직하였는데, 그들 중 몇몇은 수석 교사가 되었고 그중 한 명은 관구장이 되었다. 비록 그녀는 약간은 몸이 불었고 단출한 옷차림을 했으나, 수련자로서 늘씬하고 호감 가는 체형을 가졌다. 어느 날 수련장이 그녀의 '허영심'을 질책하기 전까지 그녀는 용모에 대하여 더 많은 신경을 썼었다. 올해는 처음으로 수녀회 참사위원으로 선임되었으며, 참사회에 수녀회의 장래를 위해서 중요한 결과를 가져올 몇 가지 결정을 해야 할 의제가 올라와 있었다. 그 회의는 로라에게 불행한 경험으로 판명되었는데, 놀랍게도 이 회의에서 그녀는 그룹의 어떤 회원들과도, 특히나 그녀의 동년배와 젊은 수녀들에 대하여 자신이 거의 자제할 수 없을 정도의 분노와 슬픔과 질투심을 느꼈기 때문이다. 그 회의에서 그녀의 행동은 방어적이었다가 또 공격적이었다가 오락가락하였다. 그녀 자신도 기도하기조차 어렵다는 것을 알았는데, 왜냐하면 그녀는 하느님께 분노하고 있었고, 그 회의도 내내 비관적인 분위기였으며 수녀회의

231

미래에 대한 절망까지 그녀를 쥐어짜는 듯했기 때문이다.

로라는 비록 수도회 수녀이지만, 남자들이나 여자들이나 모두 전 분야에 있어서 유사점을 가지고 있다. 그녀가 현재 상태에서 건전한 식별을 하는 것은 그녀의 능력으론 무리다. 그녀 자신에 대한, 그리고 자신의 가치와 그녀와 가까운 사람들에 대한 인식이 왜곡되었으므로 때문에 그녀가 현재의 감정에 따라 행동하는 것은 파괴적일 것이다. 이는 자유와 신뢰 속에서 하느님과 타인들에게 응대하는 그녀의 능력이 현저하게 손상되었기 때문이다. 만약에 그녀가 하느님과의 관계 안에서 하느님이나 그녀 자신에 대한 이미지를 차분히 반성할 수 있도록 도와줄 친구나 도우미가 있다면 그녀는 자신의 일그러진 인식을 깨닫게 될 것이고, 한결같은 하느님의 사랑을 알게 될 것이다.

두려움

식별에 있어서 가장 힘이 센 심리적인 장애물은 아마도 두려움이 아닐까. 지금 두려움에 대한 심리적 근원에 대하여 다루려는 것은 아니다. 두려움의 결과가 다양하기도 하고 경우의 수도 많겠지만 여기서 알아보도록 하자. 거의 모든 것이 언젠가는 누구에게나 공포의 대상이 될 수가 있다. 과거와 미래에 대한 두려움, 하느님과 타인에 대한 두려움, 안정과 변화에 대한 두려움, 자신 내부의 감정과 외부 세계에 대한 두려움, 새로움과 묵은 것에 대한 두려움, 움직임과 제자리 멈춤에 대한 두려움, 말소리와 침묵에 대한 두려움, 실패와 성공에 대한 두려움, 권위와 무정부 상태에 대한 두려움 등 공포는 우리의 태도나 견해들을 굳어지게 만든다. 다른 사람들에 대한 공포는 우리의 행동을 왜곡시키며, 우리 자신에 대한 공포는 하느님과 자신으로부터 자신을 숨기게 하고, 위험에 대한 공포는 우리를 꾸물거리고 우유부단하게 하며, 변화와 다양성에 대한 공포는 상상력과 창의성을 마비시킨다.

두려움은 다양한 방법으로 식별을 방해한다. 우리가 본 바와 같이 식별은 의사 결정 과정에서 그 결과가 무엇이든 간에 결과를 도출하기 위하여 안정된 개방성과 공정한 방책을 요구한다. 그 과정에 참여하는 사람들에게는 '당신의 뜻이 이루어지소서!'라는 태도로 하느님께 접근하도록 장려된다. 반면에 두려움은 수용이 가능한 결과를 보장하기 위하여 과정을 통제하고 조작하도록 우리를 이끌 수도 있다. 식별의 과정은 또한 하느님에 대한 감정과 검토 중인 어떤 옵션에 대한 변화를 요구한다. 하여간 사람들은 자신들 안에서 발견할 수 있는 분노와 같은 어떤 감정들에 대해서 대단히 두려워할 수도 있기에 자신들의 진정한 감정을 표현하거나 인정하지 못하게 된다. 더 나아가 특히 그룹 식별에 참여할 때는 자신들의 감정이나 생각들을 솔직하고 공개적으로 표현하는 것이 필요하다. 그러나 내가 다른 사람들을 무서워하거나 나에 대한 그들의 높은 평가를 유지할 필요가 있다면 나의 솔직한 생각이나 감정을 숨기고 싶어 할 것이다. 만약에 옳든 그르든 간에 내가 말하거나 행하는 것들을 사람들로부터 인정받는 것이 중요한데, 내가 그것을 인정할 사람들로부터 거절당할 것이라고 상상할 때 특히나 더 그렇다. 더 나아가 진솔한 대화 안에서 다른 사람들의 감정과 견해를 열린 마음으로 경청할 수 있는 능력 또한 건전한 식별에 있어서는 기본이다. 어쨌든 어느 한 사람이 타인들의 견해를 몹시 두려워한다면, 타인들의 말을 듣거나 수용할 수 있는 그 사람의 능력이 심각하게 차단되고 말 것이다. 끝으로, 식별은 당연히 선택하는 하나의 과정이다. 그럼에도 어떤 사람들은 선택하거나 주도권을 잡는 것을 두려워한 나머지 그들의 식별은 심각하게 손상된다. 그렇지 않다면 그들이 현 상황을 유지하는데 극복할 수 없는 압력을 느끼거나, 혹은 그들이 결정을 내리고 관철하기가 쉽지 않다는 것을 알게 되기 때문일 것이다. 그들은 아마도 위험을 감수할 두려움 때문에 마비될 위험에 처해 있는 것이다.

특히 하느님에 대한 두려움이나 잘못하는 것에 대한 두려움은 또한 죄책감을 유발한다. 죄에 대한 정당한 책임을 인정하는 것과, 두려움과 걱정으로 비이성적이고 건강하지 못한 죄의식에 시달리는 것은 다른 세계다. 만약 우리가 하느님과의 관계에 사랑보다 두려움의 지배를 받게 된다면, 비이성적이거나 과도한 죄책감이 여러 형태로 나타나게 될 것이다. 예를 들어 우리가 어느 정도로 아주 순진하거나 악의 없는 행동 또는 누락된 어떤 것까지도 하느님께 '죄를 범했다'고 상상할 수도 있을 것이다. 반면에 우리가 잘못을 저질렀음을 알고 있다면, 공포는 그 잘못을 과장함으로써 과도한 죄의식이 일어나 우리를 괴롭히게 될 것이다. 또 어떤 사람들은 죄의식에 빠지게 되는데, 왜냐하면 자기가 (하느님이나 타인에게) 저질렀다고 추측하는 모든 잘못들을 만회하기 위하여 더욱더 열심히 선행을 해야 한다고 잘못 확신하기 때문이다.

이러한 종류의 죄의식은 몇 가지 점에서 건전한 식별을 저해한다. 진정한 식별은 하느님의 사랑에 대한 사랑의 응답이고 자유롭게 행한 응답이지, 죄나 두려움에 의하여 강제된 것이 아니다. 비이성적이고 객관적으로 봐서 쓸데없는 죄의식은 우리가 놓여 있는 상황이나 타인들이나 자신의 판단과 인식을 왜곡하는 경향이 있다. 죄의식은 노골적이든 은밀하든 간에, 사랑과 자유 안에서 하느님의 뜻을 행하고 있다는 그릇된 상상을 하면서, 어떤 행위를 취사선택하도록 유도할 수 있는 것이다. 이러한 죄의식은 무의식적일 때 더욱 위험한데, 우리가 그것들이나 그 영향력을 의식하지 않는다 하더라도, 그것들이 우리의 생각이나 느낌이나 행위에 영향을 끼치기 때문이다. 회개한 젊은이인 피터를 예로 들어 가정해 보자. 그는 은혜로운 자성의 시기에, 그의 지나간 대부분의 과거가 무책임하고 낭비적이며 영악하고 부당했다고 보고 있다. 그는 하느님께서 그에게 화를 내시는 것은 당연하다고 믿고 있다. 하느님께서 그를 사제가 되도록 부르신다고 확신하고 있는데, 그렇게 하는 것이 그의 과거에 보상하는 것이라고 보기 때문이다. 그는 비록 길이 멀고도 힘들겠지만, 서품받기 위하여 고군분투하고 있다. 이 경우 피터의 삶은 불완전하게 이해된 죄책감에 지배되었기에 회심 후의 가능성은 있다. 이 지배는 두려움에 떨며 살아가는 노예로서가 아니라, 하느님께서 조건 없이 용서하시고 사랑과 자유 안에서 하느님의 자녀로서 부르신다는 사실을 더 배울 때까지 계속될 것 같다.

사회적이고 문화적인 요인들

건전한 식별을 하는 데 있어서 해로운 영향을 끼치는

요인들이 나타나는 또 다른 분야로는, 우리가 살고 있고 우리의 삶을 형성해 온 사회와 문화에서 오는 우리의 개인적이고도 집단적인 태도에서 기인하는 요소들이다. 예를 들면 우리는 특정한 종류의 문화적·정치적이나 사상적인 맹목성을 가질 수 있다. 정치사회적인 구조나 좌·우익이든 중도든 간에 이념들은 그것들로부터 물질적인 이익을 취하거나 그렇게 되기를 희망하는 사람들을 유혹하거나 사로잡는 경향이 있다. 이상하게 보일지 모르지만 라틴 아메리카와 아프리카나 또는 아시아의 도시 지역에 사는 비교적 부유한 지역의 부자들이나 중산층은 수많은 이들이 극빈한 인간 이하의 환경에 처한 도시의 판자촌에 살고 있고, 훔치거나 도시의 쓰레기장을 뒤적거림으로써 생명을 부지하고 있다는 사실을 애써 무시하거나 모른 채 일생을 살 수가 있다. 아니면 그들이 살고 있는 지역이나 가난한 사람들을 실제로는 못 본 체하며 살 수도 있고, 아니면 그들이 감당할 수 없는 이러한 조건들을 만들어 내는 주도적인 정치나 이념적인 덫에 그렇게 걸려 있을 수도 있다. 그래서 그들은 가난한 사람들의 존재를 부정하거나, 자신들이나 타인들 모두의 상태를 정당화하면서 억압이나 불평등이나 부당함을 그렇게 문제 삼지 않는 것이다. 이러한 종류의 맹목이 소위 말하는 제3 세계에만 국한된 문제는 아니다. 비슷한 종류의 맹목은 영국의 마가렛 대처Margaret Thatcher 시절의 유산 중 하나이기도 하다. 도심 속의 퇴폐와 방임이 점증하는 와중에도 우익 정치인들과 평론가들은 대중에게 이 사실을 알리는 것을 힘들어했고, 반면에 가난과 가난한 사람들이란 영국엔 없으며, 가난한 사람들이 있다손 치더라도 그들의 잘못이라 했다. 그래서 그들은 스스로 용서하고 어떤 책임도 지지 않았다.

또한 같은 일이 세계적인 규모에서도 일어난다. 세계는 지구의 가난한 사람들 모두를 위한 적당한 음식과 잠자리를 제공할 수 있는 기술과 부를 가지고 있다. 그럼에도 힘 있는 나라들이 현재의 경제 구조 안에서 소위 기득권을 가지고 있는데, 그것들을 뒷받침하고 있는 그들의 근본이념은 가진 것이 너무 적거나 아예 없는 사람들에게 제공할 음식이나 잠자리에 대해서는 일언반구도 말하지 않고 있다는 것이다.

이러한 태도는 규모의 크고 작음과는 관계없이 좋은 식별에 분명히 방해가 된다. 우리가 우리 자신의 정치사회적 이념이나 구조에 함몰되고, 그것들이 상대적인 것이 아니라 절대적인 것이 되면, 그것들에 의문을 가지거나 도전할 수 없게 될 것이며, 대안적 가치나 가능성을 인정할 수 없게 되는 것이다. 이렇게 되면 우리의 이념이나 구조들이 반대로 우리를 통제하게 됨으로써 우리의 자유를 빼앗게 된다. 그럼에도 불구하고 그리스도교 복음의 아름다움 중 하나는 어떠한 이념과 정치적인 구조에도 의문을 제기할 수 있는 능력을 가지고 있다는 것이다. 그리고 이 책에서 우리가 용어로 사용하고 있는 식별이라는 단어의 의미는 하느님의 말씀이 우리의 이념들이나 우리의 의식들에 도전할 수 있음을 정확하게 의미하고 있고, 그런 의미에서 그들의 통제로부터 우리를 해방시키고 있다는 것이다.

신학적인 요인들

이 책의 앞에서 본 바와 같이, 건강한 식별은 조건 없이 우리를 사랑하시고 우리가 자유를 만끽하기를 원하시는 하느님을 상정하고 있다. 이러한 하느님에 대한 좋은 이미지는 선택을 실행할 때 우리가 하느님의 변함없는 귀중한 사랑 안에서 자유를 행사하도록 신뢰와 안전성을 제공하고 있는 것이다. 예를 들어 하느님을 딱딱한 입법자나 재판관 또는 엄한 감독관이나 힘을 행사하는 변덕스러운 독재자나, 사랑과 돌봄과 신뢰라고는 찾아볼 수 없는 지나치게 방종한 부모 등 전혀 다른 모양으로 상상한다면, 이런 이미지는 우리 안에 다른 종류의 공명, 곧 사랑과 희망과 신뢰와 확신 대신 두려움이나 죄책감, 성냄과 고독, 허탈감과 실망 등을 불러일으키게 될 것이다. 이런 이미지들은 우리가 의지하는 하느님의 사랑 안에 있는 신뢰를 방해하고, 비위를 맞추려고 애쓰거나 무섭고 부주의하게 하느님의 사랑을 애타게 얻고자 노력하는 결과를 가져와, 우리가 하는 어떠한 선택도 망치게 될 것이다.

마찬가지로 권위를 지나치게 중시하는 교회관은 식별의 과정을 마비시킬 수 있다. 권위는 마땅히 교회에 주어져야 한다. 그러나 한계 또한 주어져 있다. 만약에 교회에 대한 나의 신학적인 견해가 노예적인 근성과 같은 유치한 태도를 지니거나, 지역적, 보편적으로 권한을 행사하는 이들에게 사실상 유보하고 있다면, 자신이 자유로이 실행해야 할 선택에 대한 책임과 하느님의 성령에 효과적으로 응대할 능력이 치명적으로 손상되는 것이다. '의사결정'이란 것이 단지 그 경우에 적합한 권위 있는 주장을 단순히 찾는 것이거나 그것을 문자적으로 적용하는 것을 의미하는 것에 불과하다면, 고려해 볼 필요도 없이 그때 이 방법으로 채택한 '결정'은 양심적인 권리와 힘을 부정하는 것이고 개인의 책임을 침해하는 것이 된다. 만약에 그 결과가 좋다고 하더라도 그것은 권위에 대한 나의 무비판적인 헌신을 강화하는 것이다. 반면에 만약 그 결과가 나쁘다면, 나는 시키는 대로만 정확히 했을 뿐이라는 변명을 할 수 있는 여지는 가질 수 있을지 몰라도, 뒤따르는 것은 '십자가'의 고통뿐일 것이다. 어떤 경우에도 이러한 식으로 의사 결정을 하는 것은 책임감 있는 예수님의 제자로 자라기에 아무런 도움이 되지 못하는 것으로, 그것이 개인적인 자유라는 하느님의 은사를 사용하는 것을 저해하기 때문이다.

실로 가톨릭적인 신학적 견해의 부족은 좋은 식별을 위한 우리의 수용력과 그 결과로 하느님께서 우리를 창조하신 고유한 자신이 되어야 하는 능력 모두를 훼손할 위험이 있다. 여기서 '가톨릭'은 물론 '로마 가톨릭'만을 의미하지 않는다. 신학에 있어 가톨릭적인 견해라는 것은 첫 번째로, 우리가 충분하고 진지하게 대할 수 있게 해 주는 다양한 국면들을 포함하는 그리스도교 전통 전체를 말하는 것이고, 비그리스도교적 종교 전통도 포함하는 것이다. 두 번째로, 교회의 구성원들에 의해서 보편적으로 수용되어 온 신앙 감각sensus fidelium과 그리스도교 전통 안에서 믿음과 실제에 적용된 특별히 중요한 견해를 말한다. 그리고 진실한 가톨릭 견해는 시간과 장소에 따라서 변화되고 발전된 신앙이 실제로 모두의 전통이란 사실을 인정하는 것으로, 이는 살아 계신 하느님의 성령께서 온 교회를 통하여 활동하시기 때문이다. 그래서 진정한 가톨릭 신학적 견해의 반대편은 정적이고 경직된 것이며, 사실상 종파적인 것이라 할 수 있다. 이는 모든 전통 중에서 부분적으로 선택적인 것들만이 유효하다고 인정하거나 신앙과 실제에 있어서 변화와 발전의 가능성을 거부하는 견해이다.

진정한 가톨릭 신학적 견해가 부족함으로써 식별을 훼손하는 중요한 이유를 명시적이고 함축적으로 말하면, 하느님 성령의 임재와 활동에 제한을 지우는 것이다. 진정한 가톨릭이 된다는 의미는 성령께서 언제 어디서나 임재하시고 활동하신다는 것을 수용하는 것이다. 가톨릭 견해의 결핍은 언제 어디서나, 과기나 현재 또는 미래에 성령의 임재하심이 없다는 신념을 말하는 것이다. 예를 들어 비그리스도교적 종교에 대해 배타적인 태도를 가진 사람은 예수님을 구세주로 명시적으로 인정하는 것이 유일한 구원의 길이라는 견해를 내세울지도 모른다. 또는 성령의 활동을 포함하는 그리스도교 이외 세계의 대종교들의 경전을 배격하면서 그리스도교 어떤 종파들의 견해와 비슷한 성령의 활동은 오직 자신들의 교회나 공동체 내에서만 있다고 인정하고, 하느님의 성령으로 살거나 함께할 수 있는 '다른 편', 곧 외부 사람들의 어떤 제안도 거부하는 것이다. 더 나아가 오늘날 성서 근본주의자들은 성경의 해석에 있어서 근대비평적인 접근을 거부하고 성경 본문의 좁은 문자적인 해석만을 유효하다고 인정하는데, 이는 진정한 가톨릭 신학적 견해를 강하게 반대하는 자들이다. 이들이 극단적인 예인 것 같지만, 그들의 신학에서 진정한 가톨릭적 견해의 부족은 성령께서는 우리가 짓는 한계를 넘어서도 활동하시고 자유롭게 드나드신다는 것을 우리가 인정하지 못하게 방해하고 있다는 사실 자체가 이를 잘 말해 주고 있다. 이렇게 우리는 성령의 부르심에 저항할 위험을 무릅쓰며 나아간다.

영성적인 요인들

또 다른 건전한 식별에 대한 방해물은 기도의 영역이다. 우리가 일찍이 이 책에서 알아본 것과 같이 식별은 경청의 여지를 주는 기도의 형태를 요구하는데, 이는 적극적이면서도 수용적이기 때문이다. 식별에 도움이 되는 그 기도의 형태는 하느님과 우리를 매개하는 성경 말씀을 통해서든 또는 상징을 통해서든 하느님의 계시와 성령에 감동하게 하는 것들이다. 그래서 식별에 있어서 기도는 '멈추고 바라볼 시간'을 의미한다.

피정을 할 때나 영성 지도를 할 때마다 나는 종종 기도 안에 이러한 수용적인 공간을 마련하는 것을 무척이나 어렵게 생각하는 사람들을 만나게 된다. 그들은 기도란 기도문들을 낭송하거나 혹은 하느님께 말씀드리는 것으로 배워 왔을 것이다. 이것은 그들에게 대단히 바쁜 활동인 것이다. 가끔은 매일 완수해야 한다고 생각하는 기도 계획을 가득히 세워놓고는, 그것을 달성하지 못할 때 죄를 짓는 것으로 생각하는 사람들도 있다. 또 어떤 사람들은 그들이 과거 어느 때에 게으름이나 분심에 빠지지 않도록 경고를 받았기 때문에 기도할 때는 바쁘게 굴기도 한다. 그리고 어떤 사람들은 한 가지 기도 방법에 너무 집착해서 더 도움이 될 수도 있는 다른 기도 방법을 제안받아도 그것을 거절하기도 한다. 이렇게 기도하는 모든 태도는 식별에 장애가 된다. 각각의 경우마다 모두 기도하는 데 관심을 기울이고는 있지만, 서두르는 것을 멈추지 않고 (적어도 대단히 어려운 것으로 알고), 하느님께서 그들에게 말씀하시고자 하는 것을 받아들일 수 있는 꼭 필요한 여지나 침묵을 가질 수 없게 되는 것이다.

　기도가 '머릿속'에만 남아 있고 사람의 감정을 조금도 개입시키지 않는 기도는 식별을 어렵게 만든다. 그 이유는 명백하다. 식별의 실행은 이 책에서 다루어 온 바와 같이 하느님께서 우리에게 전달하시는 어떤 사인에 반응하여 일어나는 감정에 주목하고 감별하는 것과 관련되기 때문이다. 듣기와 감수성을 위한 여백을 가진 기도는 효과적인 응답이 주어질 수 있는 완벽한 자세라 할 수가 있다. 머리에만 남아 있고 가슴을 조금도 개입시키지 않는 기도는 위안이나 고독의 움직임을 가로막거나, 아니면 대안적인 것을 보지 못하게 숨기게 된다. 숙련된 영적 지도의 가치 중의 하나는 머리로부터 가슴으로 움직이도록 돕는 것이고, 따라서 더욱 완전함을 추구하게 도와주는 것이다.

장애물 처리[16]

지금까지 이 장을 끈기 있게 살펴온 독자들은 지금쯤은 매우 수동적으로 느끼고 있을 것이다. 정직한 독자라면 자신들 안에 내재한 한 가지 정도의 장애를 인지했을 터이고, 많은 이들도 지금쯤 질문하게 될 것이다. 그렇게 많은 장애와 함정들이 있다면, 건전한 식별이 누구에게 또 어떻게 가능하겠는가? 나는 이 질문에 접근하는 한 가지 방법상 윤곽을 잡아 보는 것으로 이 장을 마치고자 한다.

이들 장애를 마주하게 되었을 때 첫 번째 단계는 하느님께 깊은 신뢰를 두는 것이다. 하느님께서는 우리보다도 우리의 한계를 더 잘 아신다. 만약에 우리가 감당할 수 있을 만큼 개방되고 깊은 신앙심과 정직함을 가지고 식별을 실행한다면 비록 항상 우리가 기대하는 결론이 아닐지라도 우리는 하느님께서 하실 수 있고 또 하느님께서 우리의 노력을 좋은 결과로 이끌어 주시리라는 믿음을 가질 수 있다.

두 번째로 요구되는 것은 가로막는 결벽(악함이나 그릇됨에 대한)들과 장애물들이 나타날 것을 예상함으로써 그것들을 주의 깊게 감시하는 것이다. 이것은 단지 모든 이들이 개인적인 편견이나 한계로 고통을 받기 때문만이 아니라 식별 자체의 본성 때문이기도 하다. 식별은 하나의 활동으로써 우리가 우리의 마음속 깊이까지 도달하도록 도전하게 만든다. 식별은 우리의 아주 기본적인 갈망들과 기질들 및 하느님 그리고 세상과 우리 자신의 관계적 특성을 드러내는 것이다. 이런 배경을 놓고 볼 때 혹자는 자신을 드러내는 데 저항과 결벽을 예상할 수도 있을 것이다.

장애가 나타날 때 개인이든 단체든 간에 세 번째로 요구되는 사항은 가능한 한 그들을 인정하고 할 수 있는 만큼만 그들을 처리하는 것이다. 가끔은 식별에 있어서 장애물들을 인정하고 처리할 수 있도록 실시하는 그 자체가 장애물들을 극복하기 위한 먼 길에 들어서게 하는 것이기도 하다. 그래서 장애물에 대해서 노력을 들여 잘 대처한다면 그 장애물들은 제거되고 극복될 수 있다. 그럼에도 어떤 방해물들은 개인들의 삶이나 환경에 있어서 어느 정도 영속적인 특성을 가짐으로써 그들을 제거하기 위한 어떠한 시도도 성공이 보장되지 않는 긴 과제가 되기도 한다. 이런 경우에는 우리가 그 어려움을 인정하고 그것이 식별의 과정에 끼칠 영향력을 고려하여 그것을 인식한다면, 하느님께서 그 결과를 좋게 하시리라는 것을 우리가 확신할 수 있게 된다.

식별은 우리가 살펴보아 온 바와 같이 선택하는 데 책임이 있는 사람들이 효과적으로 자유롭게 자기 담당 분야에 조치할 수 있어야 한다. 우리가 누리고 있는 값진 자유는 하느님을 알 수 있는 자유이고, 그러한 지식에 비추어 우리는 하느님께서 창조해 내신 백성이 되는 것이다. 어떤 경우에도 이 자유는 완전한 것은 아니다. 이 자유는 우리의 내외적인 요인들에 의해서 언제나 제한된다. 건전한 식별에 가장 방해가 되는 요소들은 이 자유가 효과를 내지 못하게 막거나, 아니면 이 자유를 완전히 빼앗아 가는 것이다. 이 방해들은 우리의 선택이나 행동들이 진짜로 통제될 때 일어나는데, 자유로운 인간 정신이 아니라 다른 매개체들인 육체나 감정이나, 심리적이고 사회적이며 신학적이거나 영성적이다. 그러나 하느님의 성령에 완전하게 저항하는 방해물은 없다. 인간의 정신이 싸워야 할 장애물들의 본성을 알아채면 도움을 받아 은총으로 인도되고, 아무리 어려운 장애에도 불구하고 자유에 대한 권리를 주장하는 방법을 찾게 된다.

우리가 우리 안에서 발견되는 장애물들을 처리하려고 할 때, 다른 사람의 존재가 크게 도움이 되기도 하고 또 꼭 필요하기도 하다. 가끔 장애물들은 우리 자신의 지식이나 또는 교육상 한계의 문제이기도 하기에 비교적 쉽게 극복이 가능한 것이다. 반면에 전문적인 상담사나 치료사는 우리가 논의해 온 감정적이거나 심리적인 장애들을 인지하고 다룰 수 있는 길을 안내할 수 있다. 하여간 이 모든 경우에 있어서 어떤 '영적 동반자'나 혹은 영적 도우미가 크게 도움이 된다. 이런 조력자들의 역할은 하느님과 관련된 신앙 안에서 자신들의 삶을 반성하도록 자상하게 도울 수 있다. 이런 과정 안에서 시간이 되면 조만간에 반드시 하느님이나 타인들과의 관계에서 장애를 일으키고, 완전함에로 성장하는 것을 방해하는 것들을 인지하게 된다. 이러한 장애물들을 인지하고 나누어지게 될 때, 믿음과 신뢰 안에서 그것들이 처리될 수 있다.

9장

전통과의 대화

이냐시오의 식별

내가 이 책에서 서술한 식별에 대한 실제는 로욜라의 성 이냐시오로부터 내려온 영적 지도의 전통에 따른 것이다. 이것은 이냐시오에 의해서 교회에 전해 내려온 식별에 대한 현대의 재발견, 곧 현대적 해석과 적용을 제시하는 것이다. 이와 관련하여 이냐시오에 대한 두 가지 사실에 주목할 만하다. 첫 번째로, 그는 이론보다는 식별의 실제에 훨씬 더 관심이 있었다. 그의 관심은 우선적으로 사목적이었다. 그의 말대로 '영혼들을 돌보기' 위한 기술을 개발하는 것이다. 그에 의하면 이론은 그 자체에 목적이 있는 것이 아니라 실천의 바탕이 되고 도움이 되는 한에서만 필요한 것이고, 그로써 더 효과적으로 영적 지도를 할 수 있게 하는 것이었다. 두 번째로, 식별에 관해서 그는 혁신적이거나 혹은 천재적인 발명가라기보다는 요약을 잘하는 사람이었다.

그러므로 이냐시오 자신은 그가 후임자들에게 물려준 이 식별법識別法, the art of discernment을 발명하지 않았다. 이것은 두 가지 주요 원천으로부터 그에게 전해 내려온 것이다. 그가 죽기 몇 년 전에 루이스Luis Goncalves da Camara 에게 진술한 그 자신의 생애 이야기에서는 서로 다른 상황에서 감정의 흐름과 변화에 대한 자신의 경험을 통해

어떻게 이냐시오가 부분적으로 식별에 대하여 배우게 되었는지 말해 주고 있다. 그가 배운 식별에 대한 다른 자료는 그의 독서인데, 그의 선배들인 영적 저술가들로부터 물려받은 그리스도교적인 식별의 전통이다. 그의 독창성에 대해서 말할 수 있는 것은 그 자신의 경험에 대한 관심과 성찰할 수 있는 기교, 자신과 타인들의 경험을 해석할 수 있게 도움을 주었을 그가 읽은 모든 것들을 흡수할 수 있는 능력, 그리고 그 자신의 사정에 관계되는 전통은 무엇이든지 소화해 낼 수 있는 그의 재능이라 할 수 있다. 이러한 자질들이 그로 하여금 식별에 대한 일련의 실제적인 절차와 지침들을 만들게 하였고, 사람들이 자신을 위해서나 영성적인 삶의 성장을 위하여 타인들을 돕는 기초로써 이용하게 된 것이다. 그러므로 이냐시오는 과거로부터 흘러온 다른 모든 개울을 직간접적으로 끌어들인 하나의 연못과도 같은 것이다. 이 책에서 논의해 온 식별의 실제는 그 저수조로부터 흘러 내려온 한 가닥 개울인 셈이다.

이냐시오와 초기 전통

이냐시오는 식별법을 개발하고 타인들이 사용할 수 있도록 지침들을 저술하는 과정에서 타인들의 저술을 풍부하게 참고하였다. 그럼에도 불구하고 그것들을 선택적으로 사용하였다. 그는 금을 캐는 탐광자로서 물려받은 영적 지혜들을 사용하였다. 그는 전적으로 자신의 경험으로 다른 잡석들은 가려내어 버리고 자신이 원하는 원석만을 채취했다.

3세기 동아시아 쪽 사막에서 수도원 생활을 창안한 사람들의 영성과 생활 방식을 서구 세계에 소개하는 데 큰 역할을 한 사람은 요한 카시아누스John Cassian였다. 그는 4세기 반경에 사막의 수도원들을 방문하여 그들의 영성을 그의 저술로 전하기 시작하였다. '서유럽에서 나중에 번성하게 된 영성에 대한 모든 지침은 카시아누스의 자손이었다.'[17]란 말이 있듯. 사막 영성에 대한 지식은 카시아누스로부터 중세 유럽에 전수되었고, 몇 가지 형태들은 대학들과 수도회들을 통하여 이냐시오 시대로 전수되었다. 카시아누스 자신의 저술들이나 여러 저자들의 자료들을 묶은 모음집, 카시아누스의 정신을 받아들이고 그것을 자기 것으로 만든 수도회들과 신학자들의 저술들이다.

이냐시오가 카시아누스의 저술들을 실제로 읽거나 다른 사람을 통하여 간접적으로 가르침을 받았는지 아닌지에 관계없이 사막의 영성은 그에게 아주 강하게 작용했던 것 같다. 이것은 마치 그가 그 정신과 초기 수도회들의 생활 방식에 직관적으로 친화력을 느꼈던 것 같고, 그것이 어느 의미에서는 전혀 놀라운 것이 아니다. 이냐시오의 만레사Manresa 체험과 성지 순례는 안토니오Antony와 초기 수도자들이 외딴 사막에서 행했던 고독의 형성기와 서로 크게 다르지 않다. 나중에 그는 카르투시오회 수도자들Carthusians과 긴밀한 관계를 유지하였고, 한때는 그들의 은둔 생활eremitical life을 받아들일 것을 고려하기도 하였다. 사막의 은둔자hermit처럼 또한 이냐시오는 개인적인 식별을 실천할 필요성이 있었는데, 왜냐하면 그는 몇 년 동안 자기 사도직의 길을 찾기에 골몰한 고독한 순례자였기 때문이었다. 더구나 사람들이 사막에서 추구했던 '마음의 정화purity of heart'와 아주 유사한 '이냐시오 영신수련'에 전심전력으로 헌신해야 했기 때문이었다. 카시아누스와 이냐시오 모두 하느님 뜻과의 일치를 영적인 탐구의 목적으로 보았고, 그 탐구에서 갈망의 중요성을 강조하였다. 더구나 두 사람 모두 계속되는 악과의 대결은 제자의 길을 찾는 데 있어서 피할 수 없는 부분이었기에(『영신수련』 136-148항 참조), 이냐시오와 그의 동료들은 사막의 고독에서가 아니라 '이 세상 안에서' 그들을 위하여 일어나는 것으로 이것을 체험하였다.

이냐시오와 사막 수도자들의 접근법이 유사하며, 우리

는 이냐시오가 도입한 생활 방식이 사막 수도원의 형태
가 그랬던 것 같이 동시대 그리스도인들의 전통적인 생활
방식과는 결별을 뜻한다는 사실을 덧붙일 수 있겠다. 초
기 예수회는 '수도생활'을 위해 설립된 형태와는 거리가
면, 큰 공동체의 수도원 체제, 안정성, 규칙적인 형태의
생활, 성무일도와 참사회 같은 것들이 없는 '순례'의 환경
으로 전환되었는데, 그들은 그들의 소명에 충실하기 위하
여 그들 자신 각자의 내적인 역량에 전적으로 의지해야만
했다. 그리고 사실 아주 많은 초기 예수회 회원은 실제로
독수자들solitaries이었다. 사막의 은수자hermits는 아니지만
성 프란치스코 하비에르나 피에르 파브르 같은 여행 선교
사travelling evangelists였다. 그들의 동료요 이냐시오의 믿을
만한 통역가인 나달Jerome Nadal에 의하면 그들의 집은 '길
바닥the road'이었다. 덧붙인다면, 초기 형성기의 영적 수
련을 시키는 지도자의 역할과 예수회 규칙의 윤곽을 잡은
장상의 역할 모두는, 특히 수련기 동안의 역할은 사막 전
통의 영적인 교부들과 원장들의 영성을 매우 닮았다. 사
실 예수회 규칙에 제시된 양성 프로그램은 사도적 독수
자apostolic solitaries를 양성하기 위한 것이라고 주장할 수도
있다. 그 구조를 보면, 프로그램을 다 이수한 자는 장상
이나 영적 지도자와 가끔만 함께하더라도 스스로 식별하
는 데 매우 능숙하게 되어 자신의 개인적인 삶이나 영신

수련에 포함된 '사랑의 식별'의 가치가 반영된 사명에 대하여 식별을 할 수 있게 하자는 의도와 희망을 가지고 있음을 알 수 있다. 더 나아가 자기 수도회 울타리 밖의 국외자들, 이냐시오가 식별로써 도움을 주었던 많은 이들은 책임과 영향력을 지닌 외로운 자리에 있던 평신도들과 주교들이었다. 그의 편지는 가능하면 복음의 가치를 실천할 수 있는 방향으로 개인적인 선택을 하여 그들의 부와 힘을 사용할 수 있도록 도움을 주었는데, 그들은 종종 그 당시 주위 사람들의 생각이나 다른 수행자들이나 독립한 자들과는 다른 태도로 저항을 해야만 했다. 이냐시오는 대도시들을 사랑했고magnas amavit urbes, 사막의 영성을 저잣거리와 대궁전의 영성으로 바꾸어 놓았다.

개신교의 원리

파리에서 공부할 때나 선교 활동을 하는 중에 이냐시오는 종교 개혁에 대한 사건들과 논쟁을 접하게 되었다. 초기 예수회 몇몇 회원들은 트리엔트 공의회와 관련되었고 가톨릭과 루터교 사이의 공식적인 대화와 관련되어 있었다. 역사적으로 개혁 이후에 가톨릭과 개신교는 교회 생활의 서로 다른 점을 강조하였다. 여기서 우리가 말하고자 하는 것은 두 교회 자체에 대하여 말하려는 것이 아니라, 서로 상이한 생각이나 행동이 상호 연관된 견해나 전통에 관한 것이다. 예를 들어 가톨릭은 교리의 정통성의 중요성, 영성이나 윤리에 있어서 보편적인 규범, 규칙적인 성사 집전의 필요성, 성사 '집전자'의 윤리적인 상태나 영적인 상태에 관계없이 주어지는 은총의 수단으로서의 성사의 유효성, 교회의 교계 제도와 성직 계급 안의 성령의 현존을 강조해 왔다. 반면에 개신교는 하느님의 말씀인 성경의 취급 문제, 개인적인 체험, 윤리나 영성에서의 개인의 자유와 책임, 그리스도에 대한 개인적인 회심과 헌신, 하느님께 전적으로 투신하는 개인적인 신앙과 개인의 감성과 지성 안에 성령의 현존 같은 문제들에 더 큰 가치를 두었다.

이냐시오는 그 당시 가톨릭 신학이었던 교계 제도주의적인 교회관을 전적으로 수용했음에도 불구하고, 그의 식별과 영성 안에는 '개신교의 원리'가 작용하고 있다.[18] 우리가 본 것처럼 이냐시오 자신이 자기 경험에 대하여 반성함으로써 식별에 있어서 많은 기법을 도입하였다. 그뿐 아니라 이단 심문의 요구에 반하는 자기 경험의 가치와 경험의 해석을 여러 번 옹호하고 자신을 방어하였다. 당시 당국은 승인받은 신학 과정을 이수하지 않았다는 사실에 대하여 그의 정통성을 의심하였다. 영신수련의 과정은 그리스도에 대한 헌신과 개인적인 회심을 격려하고 자극하는 것으로 그 과정의 특성은 복음적인 개신교에 의해서 기술되고 옹호된 것들과 어느 정도 유사하였기 때문이다.

이냐시오는 자신이 소속된 가톨릭 교회를 확고하게 사랑하고 교회의 쇄신에 열성을 다했음에도 불구하고, 그의 영성은 부분적으로는 개신교의 전통에 속한 사람들에게 매력적이었는데, 이는 그가 개별적인 식별에 관심을 가졌기 때문이다.[19] 사실 이냐시오의 식별이 '개신교'식의 활동이라는 데는 일리가 있다. 그 이유는 이냐시오의 전통은 그리스도교적인 삶에 있어서 개인적인 탐구에 대한 중요성, 하느님의 말씀인 성경의 개인적인 응용, 근본적으로 그리스도의 제자로서의 그리스도께 대한 개인적인 헌신과 진심 어린 회심을 인정하고 있기 때문이다. 더 나아가 이냐시오의 식별은 사람들로 하여금 성경의 하느님 말씀을 자신들의 역사와 경험을 반성하는 데 사용하도록 권장하고 있으며, 그 반성을 바탕으로 개인적으로 선택하고 판단하도록 이끌기 때문이다. 더 자세히 말한다면, 개인들의 역사와 체험, 교회 공동체들은 성령께서 말씀하시는 아주 중요한 장소가 되기 때문이다.

하여간 이냐시오의 식별은 개인이나 교회를 서로 대항시키는 것이 아니고, 긴장이 조성되거나 다툼이 일어날 경우 제도에 단순히 반항하고 공격하도록 개인들을 부추기며 편들어 주는 것도 아니다. 우리가 본 바와 같이 효과적인 이냐시오의 식별이라는 것은, 성령께서 우리를 인도하시고 문제를 해결하도록 교회(교회의 안과 밖)의 가능한 모든 수단을 사용하신다는 것을 인정하는 것이다. 이는 개인이든 제도든 간에 하느님의 원의에 따라 세상과 자신의 삶을 가꾸어 나가도록 여러 가지 서로 다른 형태 가운데 하느님께서 우리를 만나러 오실 어떤 것을 감별하는 것을 말한다. 그러므로 그 점에 있어 이냐시오의 식별은 그리스도교 안에서 가톨릭과 개신교의 장점을 취하려고 하는 것이다.

또 다른 방법으로 이냐시오의 영성과 식별에 작용하는 개신교의 원리가 있다. 우리는 효과적인 식별이란 정서적이고 지성적인 두 존재의 차원 모두에 적절한 범위와 가치를 부여하고 있음을 보았다. 종교 개혁 이후 여기에서도 역시 가톨릭과 개신교 사이의 강조점에 현저한 차이가 있어 왔다. 가톨릭 전통은 그리스도교 신앙생활에서 마음을 강조해 왔고, 그로 말미암아 인간의 삶에 있어서 감성적인 면을 강조하는 데에는 소홀하였다. 이러한 경향은 몇몇 다른 분야에서도 보인다. 가톨릭 교의는 참된 지식과 그것으로부터 나오는 올바른 행동은 구원을 위하여 필요하다고 강조해 왔다. 가톨릭 신자들과 개신교 신자들은 이렇게 무엇이 신앙인지 그 이해가 이처럼 서로 달랐다. 가톨릭 신앙은 주로 '신앙'을 다음과 같이 대부분 이해해 왔기 때문이다. 가톨릭은 교회에 소속된 신자들이 믿어야 하고 필요하면 수호해야 할 일관된 교리 체계라고 보았다. 반면 개신교는 하느님과 그리스도에 대한 개인적인 신뢰로 신앙을 보는 경향이 있었다. 가톨릭은 올바른 지식을 강조하는 반면에, 개신교는 신앙생활에서 종교적인 감정의 장소요 유일한 구원자이신 그리스도께 굳게 의탁하는 것, 그리고 개인적인 회심에 대한 효과적인 표시로서의 정서적인 변화 같은 문제들에 초점을 맞추는 경향이었다.

그러므로 영성생활에 있어서 이냐시오의 전통은 그리스도인의 신앙생활에서 감정의 장소를 드러내는 방식으로 '개신교'의 원리를 주장할 수 있었다. 이냐시오의 식별에 있어서 우리가 본 바와 같이 인간의 감정은 무시하거나, 부인하거나, 하느님과의 사적인 관계로만 치부할 수는 없고, 오히려 중요하고도 필수적 요인이다. 이냐시오의 전통에서 식별은 개신교에서는 어떤 감정과 갈망 모두가 그리스도께 헌신하고 진정으로 회심한다는 흔적으로 볼 수 있고, 그리고 성령께서 작용하시는 곳을 향하는 신호로 간주한다는 것이다. 이냐시오의 식별은 감정을 수용하며 마음과 가슴의 동반자 관계를 복원하고 있다.

식별에 있어서 이냐시오 전통의 영향

현재는 이냐시오 식별의 실천에 관심이 점증하고 있는데, 주로 개인적인 지도를 통한 피정을 통해서 실시하고 있으며, 특별히 가톨릭, 성공회, 감리교, 퀘이커 교단과 영어권의 개혁 교회들에서 그렇다고 할 수 있다. 이것은 거의 예수회와 그 협력자들이 최근에 식별의 중요성을 재발견한 데서 기인하는 것이다. 이냐시오 영성은 16세기부터 로마 가톨릭 교회에 전반적으로 널리 퍼졌는데, 이는 곳곳에 주재하고 있는 예수회 회원들의 영향력 때문이다. 그럼에도 그 영향은 한동안 식별에 대한 그의 지도 지침보다는 이냐시오 유산의 다른 특징들이 강조되는 경향이 있었고 또 강하게 관심을 끌었다. 이냐시오 사후부터 곧바로 예수회는 점점 더 제도화되기 시작했고, 이런 경향은 20세기까지 쭉 지속되어 왔다. 특히 19세기에 다른 수도회 창설자들이 이냐시오 유산의 몇몇 요소들, 특히 그의 선교에 대한 강조, 금욕적인 원칙과 영성 수련에서 볼 수 있는 묵상 방법(이것은 부수적으로 정서적인 관점보다는 지성적인 관점에서), 그리고 예수회의 회칙에 대한 구조와 제도적인 요소들을 수용했다.

영신수련에 관하여 말하자면 비록 500여 년 동안 로마 가톨릭 교회에 널리 보급되고 지대한 영향력을 끼쳤다고는 해도, 그것은 식별에 대한 가르침을 우선으로 한 것 때문은 아니었다. 영신수련은 관상 기도의 학교나 금욕주의의 지침이거나 두 가지 방법 가운데 하나로 보는 경향이 있었다. 비록 영신수련이 수많은 피정 체계를 만들어 왔음에도, 이것들은 대개 개인적인 지도라기보다는 규모가 큰 회중이나 단체에서 강의하는 형식을 취하였기에, 이런 배경에서 본다면 영신수련은 대화나 강론에서 아이디어를 얻으려는 방법이었다고 할 수도 있다.

이냐시오 식별의 전통은 이냐시오 영성 안에서 비교적 미미한 요소이지만, 그럼에도 가톨릭 교회 안에서 줄곧 이어져 왔다. 이것은 예수회 영적 지도자들에 의해 실질적인 차원에서 이어져 왔고, 그중에 몇몇은 저서로 그것들을 남겼으며, 프란치스코 수아레스Francisco Suarez와 그의 제자들에 의해서 신학적 이론 차원에서 정리되었다. 그러나 식별은 16세기부터 제2차 바티칸 공의회까지 이냐시오 영성에 있어서 미미한 요소에 불과하였다. 지난 60여 년 동안에야 겨우 이냐시오가 우리에게 물려준 그리스도인 사도직의 중요한 한 방편으로서 널리 알려지게 되었던 것이다.

이냐시오의 식별 안에 '개신교의 원리'라고 칭한 것이 있었음에도 이냐시오의 영성이 로마 가톨릭 전통 밖으로 유입된 경우는 최근에 이르기까지 거의 없었는데[20], 이는 식별에 대한 이냐시오의 가르침 때문이었다. 여기도 역시 이냐시오의 선교에 대한 헌신, 그의 기도와 묵상에 대한 가르침, 또는 어떤 영감을 가져다준 예수회 회칙의 구조적인 국면 같은 다른 요소들 때문이다. 예를 들어 영국에서 예수회의 존재와 영신수련의 가용성 그리고 기도에 대한 이냐시오에 의해 영감을 받은 다른 가톨릭 교회의 서적들은 17세기 성공회와 특히 존 던John Donne에게 영향을 주었다. 여기서는 영신수련의 묵상과 관상의 구조와 방식이 도움이 되는 것으로 판명되었다. 훨씬 후에 존 웨슬리John Wesley는 비록 그 자신의 영성적 성장에 끼친 대륙 가톨릭의 영향보다 더 중요한 것은 아니지만, 이냐시오의 일대기를 읽고 그의 일기에 그에 대한 존경을 표하였다. 19세기 후반부에는 소수의 성공회와 미국 장로교 계통의 수도회가 설립되었는데, 어느 정도 이냐시오 영성의 영향을 받았다. 그들은 이냐시오 선교의 취지와 30일 피정을 포함하는 정기적인 피정의 실행, 대부분 수도승 또는 수도원 구조를 유지하면서 개인적인 지도 형식보다는 '강의로 진행되는' 경향이 있는 피정 등으로 영감을 받았다. 19세기 말엽 미국의 침례교 목사 월터 라우센부쉬

Walter Rauschenbush는 이냐시오의 열성과 '예수회의 힘과 결속력'에 감복하여 도시의 가난한 사람들을 위하여 1887년에 '작은 예수회Little Society of Jesus'를 설립하였다. 더 최근에도 대륙의 개신교회들 안에 이냐시오 영성의 자취들이 남아 있다. 디트리히 본회퍼Dietrich Bonhoeffer도 그의 도서관에 (부분적으로 잘라내지 않은) 영신수련 복사본을 가지고 있었다. 이것은 지하 신학교에서 그가 매일의 성경 묵상을 실행할 때 그쪽에 관심을 가졌음을 시사하는 것이다. 어쨌든 이냐시오의 영성을 성공회와 개신교 전통 안에서 찾을 수 있다고 해도, 현재 그들이 가지고 있는 이냐시오의 식별에 대한 관심은 이냐시오보다는 그들의 상대인 가톨릭교회를 직접적으로 접촉함으로써 생긴 광범위하고도 지속적이며 명시적인 영향이 크다고 할 수 있다.

퀘이커Quaker의 의사 결정

바스크의 귀족이요 교황들과 추기경들 및 주교들과 개인적인 친분이 많았던 로욜라의 성 이냐시오와 평등주의적인 영국의 구두장이이자 직공의 아들이요 프렌드 교파(퀘이커)를 만든 조지 폭스George Fox, 1624–1691 둘 사이에 경험과 견해가 서로 닮은 점이 많이 있다는 사실은 놀랄 만한 일이다. 둘 모두 삶의 방향을 급격하게 변화시킨 드라마틱한 회심을 겪었고, 그 과정에서 자신들만의 방식으로 낙담의 구렁텅이와 절망의 가장자리로 내몰렸다. 둘 모두 종교적인 활동으로 투옥되기도 하였다. 둘 모두 성직자들의 부패와 세속주의에 반대했고 개혁을 위해 노력했지만, 조지는 주류 교회 밖의 길을 택하였고 이냐시오는 교회 안에서 일했다. 그들은 온 세상을 그리스도께 봉헌하려 하였다. 그들 모두가 하느님의 인도하심을 굳게 믿으며 결성한 조직은 급속하게 성장했고, 설립자 자신들의 정신과 통찰을 새 세대에 물려주고자 하였다.

아마 이 시점에서 가장 중요한 것은 그들 각자가, 물론 독립적으로 공동 식별의 방법을 함께 발전시켰다는 사실이다. 로욜라의 성 이냐시오와 조지 폭스 모두 조지가 말한 '내면의 빛the inner light'이나 하느님의 영이 모든 이들에게 들어 있고, 우리가 경험하는 내면적인 움직임이 살면서 겪게 되는 사건들을 관통하거나 그 안에서 우리를 인도하신다는 사실을 믿었다. 그분들이 발전시킨 공동 식별의 수단은 그런 신념을 반영하고 있다. 이냐시오의 공동 식별의 실행은 1538년 이래 조금 사용되었던 반면, 퀘이커들은 그들의 공동 식별의 수단을 삼백여 년 동안이나 그들의 사업을 위한 정규적 모임에서 사용해 왔다.[21]

퀘이커 교도들의 예배를 위한 모임의 특징적인 스타일

은 잘 알려져 있다. 전 그룹이 정해진 시간 내내 침묵 속에 묵상하며 앉아 있는 것이다. 만약 모임에 참석한 어떤 사람이 발언하고 싶으면 누구나 할 수 있고 다른 사람들은 조용히 듣는 것이다. 만약 아무도 발언하고 싶지 않다면 침묵하며 기도하는 분위기 안에서 모든 시간을 보낸다. 사업을 위한 공동 식별을 사용하는 모임도 기본적으로는 같은 구조로 되어 있다. 참석한 회원들은 언제나 소수다. 서기는 주도권을 갖는 것이 아니라 그 모임을 진행할 책임을 진다. 그것은 의사 일정의 주제 설정, 적절한 기회에 '회의 의견'의 요약, 결정 및 제안서를 작성하는 것 등이다. 논의 중인 사안에 대하여 의견이 있으면 발언하고, 그 누구도 다른 사람을 압도할 수 없다. 투표는 없으며 합의가 이루어지지 않을 경우 유회로 선포된다. 그 모임은 침묵 속에서 시작하고 마친다. 이 명상의 깊이와 침묵의 영향은 결정되어야 할 문제와 참석자들의 불일치 정도에 따라 다양하게 나타난다. 비교적 사소한 문제들은 장시간의 침묵에 의지하지 않고 결정하게 된다. 반면에 명확한 반대가 있을 때는, 침묵 속의 기도는 통상적인 토론 또는 논의의 방법으로 달성할 수 없는 회원들 간의 일치를 도모하는 데 도움이 된다.

퀘이커와 이냐시오의 공동 식별은 어떤 선택을 위해서

한 분이신 성령 안에서 마음과 감정의 일치를 위한 탐색, 기도의 중요성에 대한 강조, 타인들의 의견을 듣고 자신의 의견을 수정할 수 있다는 의지, 타인의 발언 존중과 열린 자세로 듣고자 하는 자세, 과정 안에서 갈등이 표현될 수 있다는 점에 대한 고려, 감정주의에 대한 기피와 불신, '내면의 빛'이 개인의 발언에 영향을 미치도록 하려는 시도, 의사 결정을 방해할 의도가 없는 반대를 천명할 수 있는 가능성, 투표 없는 의사 결정 선호, 일체감에 도달할 때까지 결정을 미룰 수 있다는 취지 등 확실히 공통적인 특징을 가지고 있다. 이냐시오 그룹의 식별처럼 퀘이커들도 그들이 채택한 방법에 따라 참석자들의 의견이나 태도가 변화한다고 보고되고 있다.

표징과 경이(기적)

예수님 시대의 사람들은 그분께서 행하신 '표징들'이 하느님께서 하신 것인지 아닌지에 대하여 결단을 내리지 못했다. 그리스도교 역사에 있어서도(다른 종교의 역사에서도) 다양한 장소와 시기에 환시幻視, 이상한 언어, 특이한 신비적 경험, 성령의 놀라운 은혜, 발현과 기적 등 모든 종류의 표징과 경이들에 관심이 치솟곤 하였다. 최근의 성령 쇄신은 그들 중에 방언으로 말하기, 영적인 살해, 예언적 은사와 기적적 치유 등 이상한 현상에 대한 말들을 지어내기도 하였다. 사람들은 오상의 성 비오Padre Pio 신부를 좋아하고 메주고리예와 루르드 같은 곳이 집중적인 관심을 받아 왔고 지금도 그렇다. 이 책은 주로 그리스도인의 사도직에 있어서 '특이한' 것들보다는 '평범한' 것에 관심을 가져왔다. 비록 '평범한' 문제들이기는 해도 – 회심, 일상에서의 은총의 힘, 영성생활의 성장, 성령의 리듬에 맞추는 것을 배운다는 것은 – 실은 아주 특이한 일들이다.

식별이 분명히 평범한 것이라고 하더라도, 사람들이 특별한 기적(표징과 경이)을 경험했다고 주장하는 상황을 다루어야 할 때, 잘 인정하지 않고는 있지만 식별이 중요한 역할을 할 수도 있다. 물론 이러한 경험과 사건의 발생은 과학적인 용어로 설명할 수 있는지에 대하여 심리학, 물리학, 약학, 생리학과 같은 과학적 물음이 제기된다. 그러나 이미 본 바와 같이 식별이 이러한 물음에까지 우선적으로 자세한 관심을 가질 사항은 아니다. 식별은 이러한 것(기적)의 원인에 대하여 과학적으로 설명하거나 그들이 왜 그리고 어떻게 발생하였는지 말할 준비가 되어 있지 않다. 그럼에도 식별이 이러한 환경에서 아무것도 도움을 주지 못한다는 것을 말하는 것은 아니다. 그와는 반대로 우리가 통상적이지 않거나 신비로운 기적을 마주했을 때도 식별은 필수적이라 할 수 있다. 이것은 다른 물음을 제기하는 것이기는 하겠지만 마찬가지로 중요한 질문을 하는 것이고, 그리고 과학적 증거나 정보는 이러한 의문들에 대답하기 위한 식별의 절차에서 도움이 되는 아주 중요한 것들이다.

특이한 종교적인 사건들과 체험들이 있다는 것을 생각해 보면, 이 신앙의 성장과 식별이라는 관점에서 볼 때 우리가 일차적으로 해야 할 일은 '은사 식별discern the gifts'일 것이다. 경험했다거나 증언하는 사람들이 이끌리고 있는 그 방향을 파악하는 것, 그것들이 하느님과 관계하는 것이 해로운 것인가, 이로운 것인가? 그것들이 진정으로 창조적인가, 아니면 파괴적인가? 그것들이 하느님 나라를 건설하는 데 도움이 될 것인가, 방해할 것인가? 그것들이 하느님께서 원하시는 자신이나 타인들이 되도록 도울 수 있을 것인가, 방해를 할 것인가? 그것들이 하느님이 원하시는 세상을 드러내고 있는 것인가, 혹은 어지럽히고 있는가?

특이한 종교적 현상과 경험들이 존재한다는 것을 생각하면 이런 질문들은 대단히 중요한 것이고, 이 책에서 다루어 온 식별의 분별력은 중요한 역할을 할 것이다. 이것은 그 질문에 대답을 주려는 하나의 신중한 시도라 할 수 있다. 우리가 본 바와 같이 그것들이 평범하거나 특이하다는 것을 불문하고 하느님과의 관계라는 배경에서 우리의 경험을 평가하고 감별하는 방법을 제공해 줄 것이다. 문제의 경험이 무엇이든 간에 그 경험을 분별하고 해석하며 평가할 때 같은 과정과 기준을 적용해야 할 것이다.

결론

로마 가톨릭 교회의 전통에서 로욜라의 성 이냐시오가 발견하고 발전시킨 식별의 실제는 아무리 과소평가해도, 500년 동안이나 변함없이 교회 안에 그 존재감을 드러내 왔다. 우리의 신학을 학문적으로 서로 나누는 만큼이나 우리의 영성적인 은사를 나누는 것도 교회 일치를 위한 일이다. 현시점에서 우리는 이냐시오의 영성 안에 존재하는 일치 운동의 수렴점을 증언하고 있는 셈이다. 여러 전통 안에 살고 있는 그리스도인들은 저잣거리에 살고 있는 그들에게 한 가지 꼭 필요한 것이 있음을 인정한다면 그것 역시 사막의 특성들을 가지고 있는 것으로, 복음의 길을 따라 성령의 인도하심을 찾고 따르게 할 수 있는 하나의 삶의 방식일 것이다. 그것은 성령이 연주하는 동시대의 음악에 동조하며 춤출 수 있는 한 수단일 것이다. 그것은 결국 로욜라의 성 이냐시오로부터 유래되고 발전된 식별이야말로 그리스도인 사도직의 한 형태요 그 핵심적인 요소로서, 그 필요성에 대한 하나의 답을 제공해 주고 있다고 본다.

라디오가 잡음을 피하고 깨끗한 소리와 아름다운 음악을 내기 위해서는 방송국의 주파수에 동조同調, tune해야 한다. 우리도 성령의 음악에 맞추어 그 장단과 리듬 따라 춤을 출 때 '영적 위안'을 얻고 '영적 고독'을 피할 수 있게 된다.

우리가 자신의 일시적이고 무분별한 갈망渴望, desire만을 쫓으며 산다면, 우리는 늘 불안과 공허함과 무력감에 시달리게 될 것이다. 그러나 우리가 하느님을 향한 우리 내면의 깊은 갈망에 집중하며 자신을 개방하고 성찰한다면, 우리는 새로운 삶의 추동력을 얻을 수 있다. 프란지스코 교황님도 2022년 주님 공현 대축일 강론에서 "갈망한다는 것은 우리 안에서 타오르는 불길이 살아 있게 하고, 직접적이고 눈에 보이는 것을 넘어서도록 우리를 몰아갑니다."라고 하셨다.

인간은 자유를 가진 존재요 초월적 존재다. '산다는 것이란 되어 간다는 것'이기에 인간은 자기 초월을 갈망할 수 있다. 그래서 인생을 살아 내는 수많은 옵션 중에서 바르고 창의적인 선택을 잘해야 한다. 하여 21세기형 신앙생활은 창의적이어야 할 것이다. 복잡미묘한 세상살이와 신앙생활을 보다 효과적이고 합리적으로 판단하며 살아 내기 위해서는 영성적으로 어떤 창의적 기술이 필요하다. 원저자 데이비드 론스데일의 표현을 빌린다면 '하느님 아버지의 아들딸로서, 예수 그리스도의 형제자매로서 성령과 더불어 살 수 있게', '성령의 리듬 따라 춤추기'할 수 있는 정교한 기술이 필요하다.

우리는 교회의 오랜 역사 안에 전해 내려오는 전통과 관습과 가르침을 따라 수동적으로 살아도 훌륭한 신앙인이 될 수 있다. 그러나 우리는 근대 계몽주의 이래 전통적인 것이 합리적인 것이 아니라, 합리적인 토론을 거친 것이야말로 정통한 것이 되는 시절을 살고 있다. 더러는 전통적인 권위에 의문을 제기하기도 하고 도전하기도 하며, 개인의 권리와 취향에 따라서 삶을 선택하는 다양성과 다원적인 포스트모던post-modern 시대를 살고 있다. 이는 신앙에 있어서도 예외는 아니며 오히려 더욱 심화되는 듯하다.

지금 교회는 서로가 만나며 경청하고 식별하여 이 시대에 부응할 수 있는 교회로 거듭나기 위해 노력하는 '시노달리타스'의 여정을 걷고 있다. 우리 자신도 새로운 사태를 식별하고 대응하며 새롭게 신앙을 살아 내야 한다. 이 작은 책이 개인과 공동체의 삶을 식별하는 데 작은 보탬이 되기를 바란다. 이 책을 출판해 주신 미래사목연구소와 수고해 주신 오민석 연구원께 특별한 감사를 드린다. 추천사를 써 주신 권혁주 주교님과 교정을 봐 주신 이장춘님께도 감사를 드린다. 우리 함께 성령의 리듬 따라 춤추어 봅시다!

2024.1.1. 역자

주석

1) 역자 주: 식별법識別法이라고 번역할 수도 있다.

2) 참조: Walter Principle, "Towards Defining Spirituality", *Sciences Religious/ Studies in: Religion,* vol. 12, no. 2, 127-141.

3) 역자 주: '하느님의 다스림'은 기성품으로 이미 주어진 하느님의 뜻, 곧 '하늘나라의 가치'들인 나눔, 섬김, 화해, 용서, 사랑, 일치 등을 개인과 사회가 실천함으로서 가능하다.

4) 역자 주: option은 선택 범위의 '선택권, 선택의 자유'을 뜻하고, choice는 선택 행위의 '선택하기', '선정'을 의미한다.

5) 영적 지도에 관해서는 여러 가지가 있지만 다음을 참고할 수 있다. Kenneth Leech, Soul Friend, Sheldon Press, London, 1977; William A. Barry & William J. Connolly, *The Practice of Spiritual Direction,* Seabury Press, New York 1983.

6) '너의 머리를 이용하고 너의 감정을 믿어라'는 이 제목은 식별에 있어서 아주 가치 있는 논문이다. 참조: Michael J. O'Sullivan, *Studies in the Spirituality of Jesuits,* vol. 22, no. 4 (September 1990).

7) 오늘날 이 두 용어들을 사용하기에는 어려움이 있는데, 특히 'consolation (위안)'이라는 용어보다 'desolation(고독)'이라는 용어가 그렇다. 문제는 이 용어들이 내포하고 있는 경험의 범위에 대한 폭이다. '위안'이라는 용어는 참된 삶과 같은 가벼운 느낌에서부터 하느님과의 깊고도 신비로운

일치에 이르기까지 넓은 범위의 은혜로운 경험들을 표현하는, 영어로 쓰인 영성적 저술에는 오래된 표현이다. '고독'이라는 용어는 일반적으로 영어의 사용에 있어서는 폭력으로 말미암은 파괴나 절망감이나 황폐함을 뜻하는 강한 단어다. 이 용어가 영적 지도나 식별 같은 이냐시오의 영성적 전통에 있어서는 단순한 거북함에서부터 신앙이나 삶의 의미가 퇴색한 무미건조하고 외로운 '영적인 실망' 상태를 표현하기까지 그 범위가 넓다.

8) '영성적'이라는 표현은 하나의 '기계 안의 귀신'같은 인격 안의 한 구역이나 이중적인 구조에 있어서 '더 높은' 단계라는 의미만 가지지 않는다면 받아들일 만하다. '영성적'이라는 말이 전통적인 형용사 '신성한divine'이라는 말로 대체될 수도 있지만, 말린 디트리히Marlene Dietrich의 비극적인 분위기 같은 표현은 아니다. 더 고풍적이고 앵글로색슨적인 '깊은 신심godly'이라는 용어는 하느님을 대상으로 하거나 하느님의 은총이라는 두 가지의 의미를 가지고 있다.

9) 『영신수련The Spiritual exercises』은 로욜라의 성 이냐시오가 저술한 소책자로 대체적으로는 30일 피정을 돕기 위한 것이다. 이 책은 혼자서 피정을 하도록 안내하는 것이 아니라 프로그램을 따라서 타인을 이끌어주기 위한 영적 지도자를 위한 것이다.

10) 역자 주: 'desire'는 '갈망', '욕구', '욕망', '열망', '원의'라고도 할 수 있는데, 문맥에 따라서 사용하였다. 예를 들면 하느님께는 '원의'가 더 적합하다.

11) 역자 주: '하느님 나라의 가치Kingdom value'는 사랑, 나눔과 섬김, 화해와 용서 등 하느님의 뜻이 기성품으로 이미 주어져 있다.

12) 이것에 대한 더 많은 토론은 9장을 참조하라.

13) 참조: 'Deliberations of the First Fathers'에 대한 Jules Toner의 연구 'A Method for Communal Discernment of God's Will', *studies in the Spirituality of Jesuits,* vol. 3 no. 4(September 1971).

14) Toner's 논문(note13)외에 John C. Futrell, *'Making an Apostolic*

Community of love' (Institute of Jesuit Sources, St. Luis 1970), 특히 PP.122–123.

15) 이 장은 Margaret Goldsbury's의 논문, *"Blocks to Discernment"*, in: *The way Supplement,* no. 64(1989/spring), 80–87을 많이 참고하였다.

16) 영적 지도에 있어서 장애물과 저항을 처리하는 방법들에 대하여 다음을 참고할 수 있다. William A. Barry and William J. Connolly, *"The Practice of spiritual direction"*, Seabury Press, New York 1983, ch. 6; Kathleen Fischer, *"Women at the Well"*, SPCK 1989, chs.7–10; Kenneth Leech, *Soul Friend,* Sheldon Press, London 1977, ch.3.

17) Owen Chadwick, *John Cassian*, Cambridge University Press, second edition 1968, 162.

18) 저자는 이냐시오의 영성과 교회와의 관계에 대하여 탐구하였다. David Lonsdale, *Eye to see, Ears to hear: An introduction to Ignatian Spirituality,* Darton, Longman and Todd, 1990, chs. 9 and 10. '개신교적 원리'에 대해서는 Thoma A. Clarke, *"The Protestant Principle"*, in: *The Way Supplement,* no. 68(1990/summer), 52–61을 보라.

19) 참조: Joyce Huggett, *"Why Ignatian Spirituality Hooks Protestants"* in: *The Way Supplement,* no.68(Summer 1990), pp.22–34.

20) 로마 가톨릭 밖으로 확산된 이냐시오 전통에 대한 논의는 Philip Sheldrake, *"The Influence of the Ignatian Tradition"* in: *The way Supplement,* no. 68(1990/summer), 74–85를 보라.

21) 이냐시오의 전통에 기초한 저작에 의한 퀘이커의 의사 결정에 대한 연구에 대해서는 Michael J. Sheeran sj, *"Beyond Majority Rule: Voteless decision"* in: *the Religious Society of Friends,* Philadelphia 1983; *"Ignatius and the Quakers"* in: *The Way Supplement,* no. 68(1990/summer), 86–97.

Nihil Obstat:
Presbyter Raphael Jung
Censor Librorum

Imprimatur:
Ioannes Baptista JUNG Shin-chul, S.T.D., D.D.
Episcopus Incheonensis
die XXVI mensis Martii, anno Domini MMXXIV

성령의 리듬 따라
춤추기 식별의 기술

교회인가 2024년 3월 26일
초판 1쇄 발행 2024년 5월 20일

지은이 네이비드 콘스네일
옮긴이 정일

펴낸이 김상인
펴낸곳 위즈앤비즈
편집 오민석
디자인 박은영
주소 경기도 김포시 고촌읍 신곡로 134
전화 031-986-7141
출판등록 2007년 7월 2일 제409-3130002251002007000142호
홈페이지 miraesm.modoo.at

ISBN 979-11-980394-3-9 03230
값 14,000원